Poney en détresse

L'auteur

Née au Canada, **Susannah Leigh** a déménagé en Angleterre à l'âge de huit ans. Passionnée d'équitation et de livres, elle est devenue écrivain et éditrice. Elle s'est inspirée du centre équestre d'East Farm où elle montait, enfant, pour écrire ce tome de la série *Les Écuries de Sandy Lane*. Elle vit dans la campagne anglaise du Norfolk avec son mari et ses trois enfants.

Dans la même série

1. Un cheval pour l'été
2. Poney en détresse
3. Mystère à Sandy Lane
4. Le cheval de minuit (à paraître)

Susannah Leigh

LES ÉCURIES DE SANDY LANE

Poney en détresse

Traduit de l'anglais par Christine Bouchareine

POCKET JEUNESSE
PKJ·

Titre original :
Runaway Pony

Contribution : Malina Stachurska

Loi n° 49956 du 16 juillet 1949 sur les publications destinées à la jeunesse : septembre 2014.

ISBN : 978-2-266-17285-1

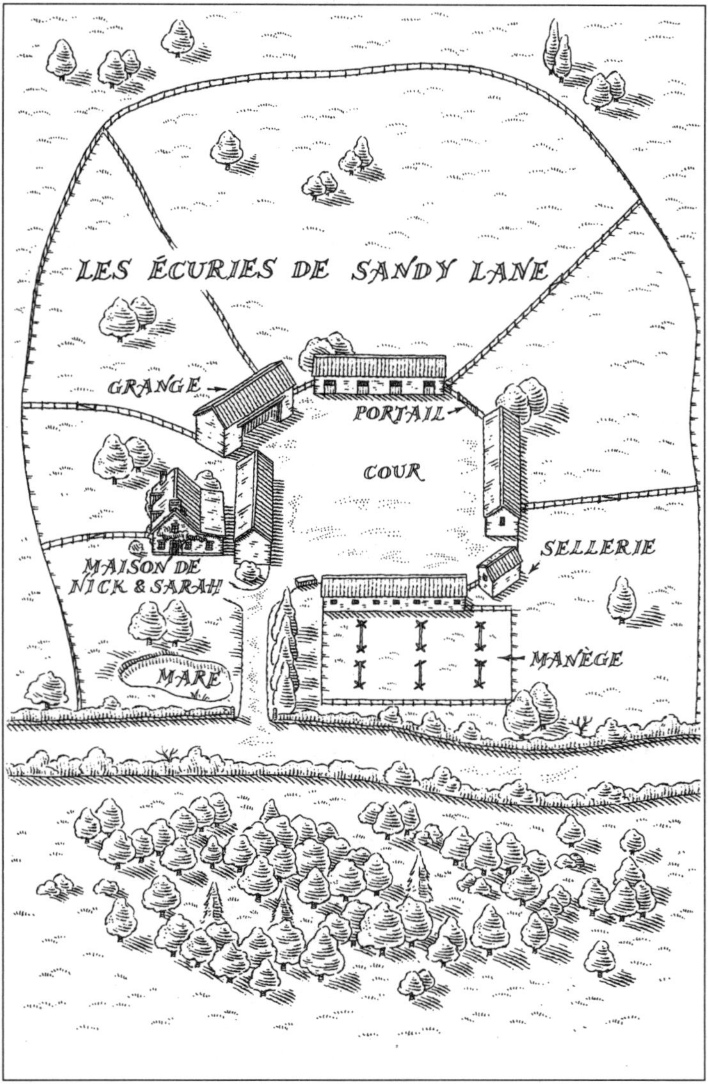
LES ÉCURIES DE SANDY LANE
GRANGE
PORTAIL
COUR
SELLERIE
MAISON DE
NICK & SARAH
MANÈGE
MARE

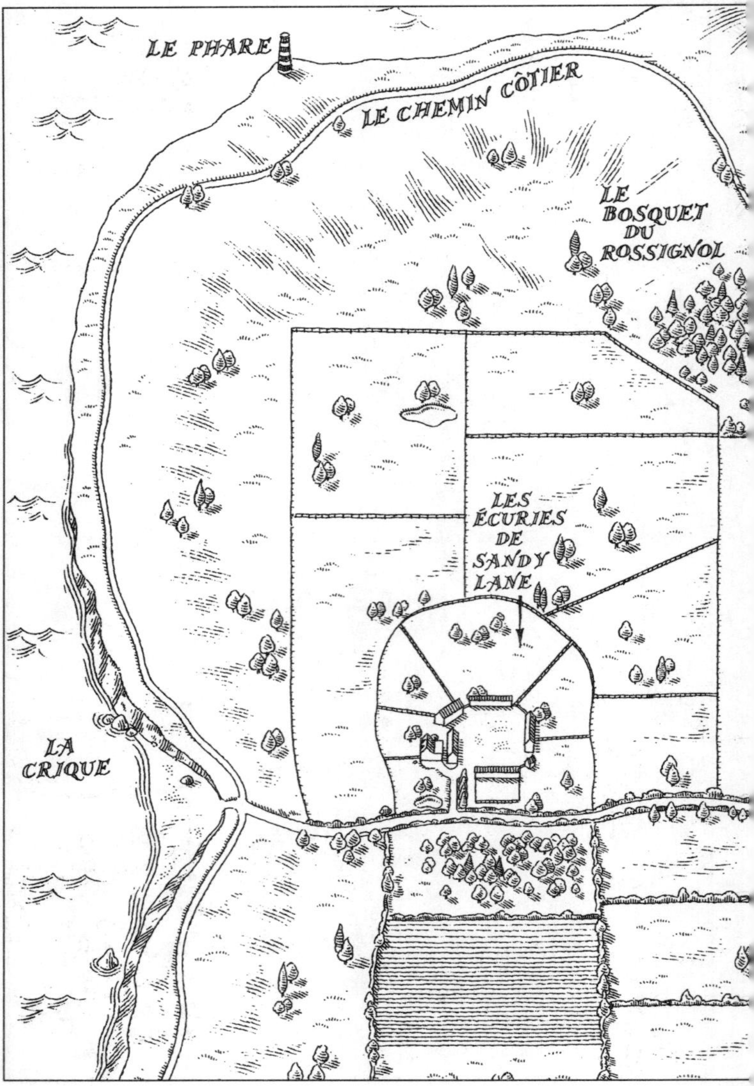
LE PHARE
LE CHEMIN CÔTIER
LE BOSQUET DU ROSSIGNOL
LES ÉCURIES DE SANDY LANE
LA CRIQUE

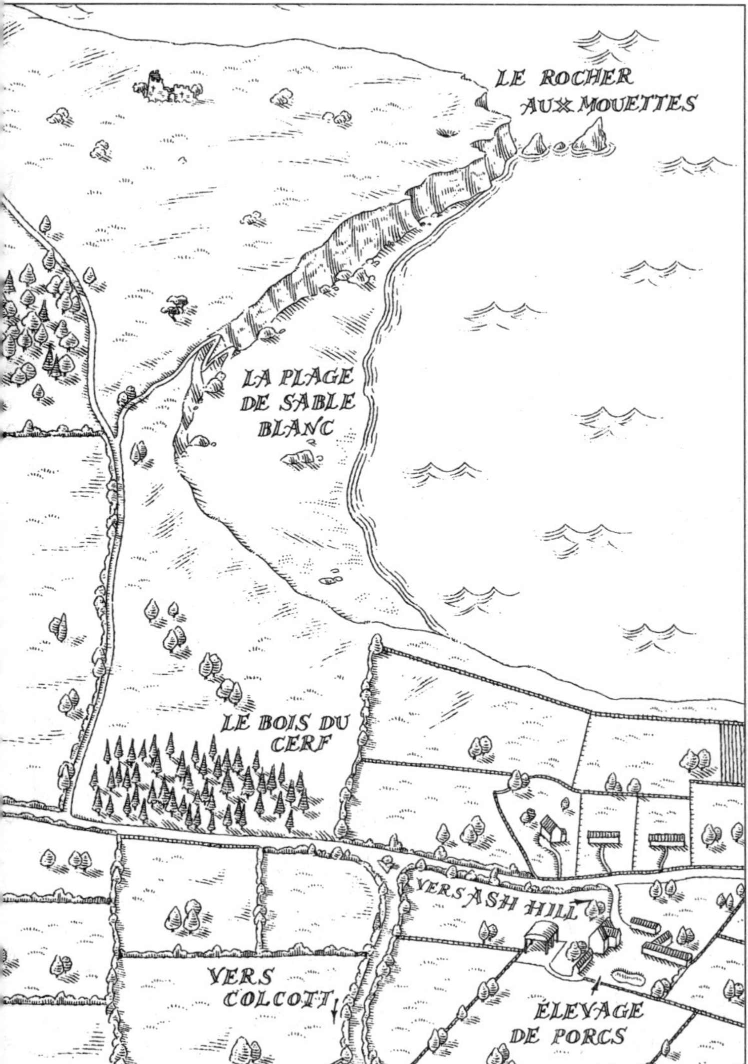
LE ROCHER
AUX MOUETTES
LA PLAGE
DE SABLE
BLANC
LE BOIS DU
CERF
VERS ASH HILL
VERS
COLCOTT
ÉLEVAGE
DE PORCS

1

Une ponette en fuite

— L'école est finie ! Vive les vacances !

Jessica Adams dévala la colline en roue libre. Elle vira dans l'entrée de Sandy Lane et s'arrêta en dérapage. Il était tôt, pas tout à fait sept heures, et personne n'était encore arrivé au club. On n'entendait que les chevaux qui s'agitaient dans leurs box et qui poussaient de légers hennissements pour réclamer leur petit déjeuner.

« Nick et Sarah ne sont pas près de se lever », songea Jessica en jetant un coup d'œil vers la petite maison en pierre blottie derrière les écuries.

Nick et Sarah Brooks étaient les propriétaires de Sandy Lane. La veille, exceptionnellement, ils s'étaient rendus à une grande soirée.

« C'est un bal au profit de "Chevaux en détresse" », avait expliqué Sarah en tourbillonnant au milieu de la cour dans la belle robe en satin émeraude assortie à ses yeux qu'elle avait empruntée à une amie.

— Et comme vous allez danser jusqu'à l'aube et faire une orgie de champagne et de caviar…, avait commencé Jessica.

— Tu penses, on n'y va que pour ça ! avait lancé Nick, qui se battait avec son nœud papillon noir.

— … vous aurez du mal à vous lever demain matin, je ferais donc bien de venir m'occuper des chevaux, avait poursuivi la jeune fille. Et peut-être que…

— … peut-être qu'en échange tu auras droit à une promenade gratuite, avait conclu Nick avec un grand sourire.

Les parents de Jessica avaient du mal à joindre les deux bouts depuis que M. Adams avait perdu son emploi. Ils ne pouvaient plus lui payer beaucoup de cours d'équitation.

«Tu pourras aller à la balade de onze heures, avait ajouté Nick. J'essaierai quand même de me lever assez tôt pour te donner un coup de main...»

Pourtant, ce matin, malgré ses bonnes intentions de la veille, Nick dormait encore. Heureusement, depuis deux ans qu'elle venait à Sandy Lane, Jessica connaissait la routine.

Elle s'approcha du box de Nuage.

— Avec un peu de chance, Nick me permettra de te monter cet après-midi, ma belle.

La ponette grise l'accueillit d'un hennissement joyeux et passa sa tête délicate par-dessus la porte de son box. Jessica lui donna le morceau de sucre qu'elle avait gardé pour elle. Elle soupira: elle n'avait jamais vu un cheval aussi magnifique.

Elle revit le jour où Nick l'avait ramenée de la vente aux enchères d'Ash Hill. Il ne s'était pas laissé tromper par sa maigreur et les traces de mauvais traitements qu'elle avait subis. À force d'amour et de patience, il lui avait rendu sa forme et sa splendeur passées. C'était une sauteuse-née et il espérait la présenter bientôt en compétition. Jessica la considérait comme la meilleure monture du club. Sous son apparente fragilité, la jument cachait une énergie inépuisable et une volonté de fer. Chaque fois qu'elle avait la chance de la monter, la jeune cavalière avait l'impression qu'aucun obstacle ni aucun cheval ne pouvaient leur résister. Elle se voyait déjà rafler les trophées en concours d'obstacles. Cependant elle n'avait jamais confié ce rêve à personne : c'était son secret.

— Quelle équipe on ferait toutes les deux, hein, Nuage ? chuchota-t-elle à l'oreille de la jument.

La ponette lui répondit par un petit hennissement, qui réveilla aussitôt un écho dans le box voisin.

Ménestrel sortit la tête par-dessus sa porte. Il roula les yeux et montra ses dents jaunes.

— Ne t'inquiète pas, Ménestrel, je ne t'oublie pas, s'esclaffa Jessica.

Ménestrel était sa monture attitrée à Sandy Lane. Elle adorait cet excellent cheval d'école, solide et fiable.

— Je te sortirai tout à l'heure, mon grand, promit-elle en s'approchant de lui. Ne t'impatiente...

— Viens ici !

Des cris de colère et un bruit de sabots sur le gravier la firent se retourner d'un bond. Une ponette palomino remontait l'allée du club au galop, les yeux écarquillés de terreur. Sans réfléchir, Jessica s'avança et écarta les bras.

— Ho, doucement ! lança-t-elle d'une voix tranquille.

Le cœur battant la chamade, elle ne recula pas d'un centimètre pendant que la ponette fonçait sur elle.

Rassurée par son calme apparent, celle-ci s'immobilisa à deux mètres d'elle dans un claquement de sabots, puis elle baissa la tête et s'avança pour frotter son nez de velours contre son épaule. Jessica poussa un soupir de soulagement et plongea la main dans la poche de ses jodhpurs. Elle en extirpa un bonbon à la menthe, qu'elle lui présenta avec précaution. La jolie petite jument, qui devait mesurer à peine plus d'un mètre quarante, le croqua avec gourmandise. Un bref instant, la ponette et la fille restèrent nez à nez à se regarder, la crinière dorée de l'une tranchant sur les boucles brunes de l'autre.

— Reviens ici !

Un homme trapu déboula à son tour dans la cour, le visage rouge et le souffle court, une longe boueuse à la main.

La ponette tressaillit, mais Jessica la rassura d'une caresse.

— Merci beaucoup, cria l'inconnu. Tu me sauves la vie !

— Oh, ce n'est rien, répondit la jeune fille comme si elle rattrapait des poneys emballés tous les jours.

— Tu as été bigrement courageuse ! Tu n'as pas eu peur de te dresser devant elle comme ça ?

Jessica haussa les épaules d'un air faussement nonchalant. Elle ne put s'empêcher de jeter un coup d'œil vers la maison, dans l'espoir que Nick et Sarah l'avaient vue, sûre qu'elle les aurait impressionnés par son intervention. Hélas, les rideaux étaient toujours fermés.

La ponette lui donna un coup de nez dans l'épaule. Jessica éclata de rire et passa la main dans sa crinière.

— Elle est adorable ! Comment s'appelle-t-elle ?

L'homme, plié en deux, les mains sur les genoux, tentait de retrouver sa respiration.

— Euh... Goldie. C'est parce que sa robe brille comme de l'or.

— Et elle semble valoir de l'or, aussi. N'est-ce pas, ma jolie ?

— Oh, ne te fie pas à ses airs de petit ange, c'est un vrai démon ! Elle m'a échappé pendant que j'essayais de la mettre dans le van. Il y a longtemps que je n'avais pas couru comme ça... j'ai bien fait trois kilomètres.

— Elle a dû être attirée par l'odeur de nos chevaux.

— Heureusement que tu étais là pour l'arrêter ! C'est la ponette de ma fille. Moi, je ne suis pas très doué avec les animaux. Bon, faut que je la ramène, maintenant.

Dès qu'il avança la main, la ponette se déroba d'un bond en arrière.

— T'as vu ça ? Elle ne veut pas que je la touche.

— Attendez, laissez-moi faire.

Jessica lui prit la longe des mains et s'approcha de la ponette en lui parlant doucement. Elle lui caressa le nez de la main gauche pendant que, de la droite, elle accrochait la longe à son licol.

L'homme laissa échapper un petit sifflement quand elle se tourna vers lui et lui tendit la corde.

— Bravo ! Tu m'as été d'une grande aide, vraiment.

Il tira sur la longe et, cette fois, la ponette le suivit avec docilité.

Alors que l'homme et la jument disparaissaient au bout de l'allée, Jessica se dit qu'elle aurait dû lui poser davantage de questions. Où vivait Goldie ? Pourquoi n'était-ce pas sa propriétaire qui s'était occupée de la mettre dans le van ?

Ménestrel la tira subitement de ses pensées d'un hennissement aigu.

— C'est bon, mon grand, je t'apporte ton petit déjeuner. Que veux-tu ce matin ? Du foin ou des tartines de beurre ?

2

Une grande nouvelle

— Pour l'amour du ciel, finis tes céréales, Jess ! s'exclama Mme Adams, exaspérée de la voir remuer ses corn flakes d'un air absent.

Jessica releva la tête et étouffa un bâillement.

— Désolée, maman, j'étais dans les nuages.

Aller de bonne heure à Sandy Lane et revenir prendre le petit déjeuner à la maison l'avait épuisée.

Sa mère secoua la tête.

— À quelle heure tu t'es levée ce matin ?

— Six... six heures et demie.

— Le premier jour des vacances. Ça commence bien !

Le frère de Jessica la dévisagea avec un mélange d'étonnement et d'incrédulité.

— T'es malade !

— Tu passes beaucoup trop de temps au club, Jess, reprit Mme Adams. J'espère que tu n'as pas l'intention d'y aller tous les jours pendant les vacances ! Tu as des devoirs à faire.

Jessica se tassa sur sa chaise, accablée. Il était inutile qu'elle essaie d'expliquer la place importante que les poneys occupaient dans sa vie. Elle se hâta d'avaler ses céréales et se dirigea vers la porte.

— J'ai une reprise gratuite à onze heures en échange de mon travail de ce matin.

— Quel dommage que tu ne t'intéresses pas à l'école autant qu'aux chevaux ! soupira sa mère, résignée. Ne rentre pas trop tard.

— C'est promis. À tout à l'heure !

Dès que Jessica enfourcha sa bicyclette, elle chassa de son esprit les remarques de sa mère. Elle n'avait aucune envie de penser à ses devoirs alors que le soleil brillait et que des poneys l'attendaient pour la promenade. Quelques minutes plus tard, elle ne songeait plus qu'à Goldie. Elle s'imagina galopant avec elle dans les prés. Elle ne chevauchait plus un vélo rouillé, mais une splendide ponette. Et d'une simple petite pression sur les rênes…

— Attention !

Brutalement ramenée à la réalité, Jessica évita de justesse son ami Tom, qui traversait la cour avec une brouette de foin. Elle freina de toutes ses forces et s'arrêta dans un crissement de gravier, manquant de peu de s'étaler de tout son long.

— J'ai bien failli t'écraser ! Excuse-moi, Tom, j'étais ailleurs.

— Ce n'est pas grave, j'ai l'habitude…

Il repoussa la mèche brune qui lui tombait dans les yeux et s'éloigna en sifflotant.

Jessica secoua la tête et poussa son vélo vers la sellerie. Pourquoi, de tous les cavaliers de Sandy Lane, avait-il fallu qu'elle se ridiculise devant Tom ? C'était de loin le meilleur du club. Il possédait même son propre cheval, Chancey. Comme celui-ci était en demi-pension, tout le monde pouvait le monter, mais il n'avait d'yeux que pour son jeune maître.

— Jess, attends-moi !

Rosie, sa meilleure amie, arrivait sur sa bicyclette, ses cheveux blonds flottant au vent.

— Tu travailles depuis sept heures ?

— Non, je suis rentrée prendre mon petit déjeuner.

— Et tu as droit à une promenade gratuite ?

— Oui, celle de onze heures. Oh, tu ne devineras jamais ce qui m'est arrivé ! J'ai rattrapé une ponette qui s'était emballée. Elle était trop belle !

— Une nouvelle ponette ? Elle est à qui ?

— En fait, il s'agit d'une jument palomino qui vit à quelques kilomètres d'ici. Elle s'appelle Goldie.

— J'adore les palominos !

— Je lui ai barré le passage, les bras écartés, comme ça !

— Et elle ne t'a pas renversée ? Tu as eu de la chance ! Comment est-elle arrivée à Sandy Lane ?

— Elle s'était échappée pendant que

le père de sa propriétaire la mettait dans son van. Il n'avait vraiment pas l'air de s'y connaître en chevaux...

Elles allèrent garer leurs bicyclettes contre la barrière, à côté du vélo de course vert de Tom et du beau VTT noir de Charlie. Rosie aligna soigneusement le sien, alors que Jessica laissait tomber son vieux clou rouillé par terre.

À cet instant, Nick Brooks apparut sur le seuil de la sellerie.

— Tu veux bien ranger ton vélo correctement ? Tu es dans un club hippique, pas dans une décharge.

— Oh, pardon, lâcha Jessica en rougissant.

— Désolé de ne pas être venu t'aider ce matin, poursuivit Nick. Il faut croire que j'ai passé l'âge de danser jusqu'à des heures impossibles... J'ai très mal aux jambes ! Enfin, j'ai quand même réussi à rédiger la liste des cavaliers pour la promenade de onze heures et je l'ai affichée sur le tableau. Tu prendras Ménestrel.

Sur ce, il s'éloigna en boitant un peu,

et les filles allèrent dans la sellerie pour consulter le tableau.

— J'espère qu'il m'a donné Pepper…, fit Rosie. Oh, oui, génial !

— Je ne vois vraiment pas ce que tu trouves à ce poney. Il est têtu comme un âne !

— Seulement avec les autres. Avec moi, il est toujours adorable.

— C'est parce que tu es une super cavalière, susurra Charlie en les rejoignant.

Rosie laissa échapper un petit rire embarrassé. Jessica hocha la tête : Charlie avait raison. Rosie était une cavalière exceptionnelle, même si elle était trop modeste pour le reconnaître. Elle lui enviait son assurance et son calme.

« Ce n'est pas mon cas, avec mes mains qui n'arrêtent pas de s'agiter et mes pieds qui sortent tout le temps des étriers », songea-t-elle.

« Tu es bonne cavalière, mais tu manques de style, lui disait souvent Nick. Essaie d'être un peu moins brouillonne. »

Rosie, elle, était méticuleuse et patiente,

ce qui expliquait sans doute pourquoi Pepper s'entendait si bien avec elle.

Elles gagnèrent l'écurie.

«J'ai quand même fait preuve de sang-froid ce matin, se dit Jessica pour se rassurer. Sinon, je n'aurais jamais pu arrêter cette ponette!»

— Ohé! cria Rosie pour la tirer de sa rêverie. Ça fait cinq fois que je te demande de me passer le cure-pied. Faut se dépêcher! Il est presque onze heures. On va être en retard pour la promenade.

— Excuse-moi, je pensais encore à la petite palomino.

— C'est bizarre qu'on ne l'ait jamais vue! Elle est en pension dans le coin?

— Aucune idée.

Jessica s'arrêta devant Ménestrel et lui tapota rêveusement l'encolure. Le pinto baissa la tête et lui donna un petit coup de nez dans l'épaule.

— Bon, on se bouge! insista Rosie.

Jessica ouvrit la porte de Ménestrel et le sella en vitesse. Elle le sortit dans la cour où attendaient les autres cavaliers et s'arrêta près de Charlie, qui montait

Napoléon, un énorme cheval d'un mètre soixante-cinq.

— Au fait, hier soir mon père m'a emmené dîner dans le nouveau restaurant d'Ash Hill, lui lança-t-il. Tu sais, celui où ils passent des clips vidéo sur un écran géant. C'était trop bien !

Jessica sourit. Charlie aimait bien épater les autres, mais cela ne la gênait pas. Sa vie n'était pas rose depuis le divorce de ses parents. Il souffrait beaucoup d'être séparé de son père.

— T'en as, de la chance ! se contenta-t-elle de dire.

Sarah apparut à son tour, montée sur Nuage. Malgré ses gros cernes sous les yeux, elle avait l'air ravi d'accompagner ses élèves en promenade.

— Vous êtes prêts ? On y va.

Sarah en tête, les cavaliers se dirigèrent à la queue leu leu vers le chemin côtier.

— Bon, nous allons pouvoir galoper, annonça l'instructrice quand ils eurent atteint le phare. Mais arrêtez-vous avant le bosquet du Rossignol. Ne vous laissez pas emporter par vos montures. Je n'ai aucune envie que vous vous fassiez scalper par les arbres. Allez, c'est parti !

Les chevaux s'élancèrent. Jessica laissa Ménestrel foncer à toute allure : elle ne connaissait rien de plus exaltant que de galoper par une matinée bien fraîche.

— Pepper est en super forme ! lui cria Rosie en la rattrapant.

— Ménestrel aussi. Je me suis éclatée !

L'heure passa très vite, et les cavaliers prirent à regret le chemin du retour. Dès qu'ils entrèrent dans la cour dans un claquement de sabots, Alex et Kate Hardy, les deux nouveaux, coururent à leur rencontre.

Jessica sauta à terre.

— Où étiez-vous passés ? Vous n'étiez pas inscrits à la promenade ? demanda-t-elle.

Kate tapota l'encolure de Ménestrel.

— Non, j'ai une reprise à midi, et Alex monte plus tard.

— Dommage ! Vous avez manqué une belle balade, déclara Rosie avant de descendre de Pepper.

— Et vous, vous avez raté un truc

incroyable ! rétorqua Kate d'un air dramatique.

Jessica éclata de rire : Kate aurait dû faire du théâtre.

— Nous avons eu la visite d'une fille qui voulait savoir si on n'aurait pas vu sa ponette. Elle la met au pré à quelques kilomètres d'ici et, ce matin, quand Belinda... C'est le nom de cette fille...

— Abrège ! la coupa Alex. En fait, quand Belinda est allée chercher sa ponette au pré, elle a trouvé la porte ouverte, et le pré désert. Elle pense qu'elle s'est échappée.

— À quoi elle ressemble ? demanda Charlie.

— Comment s'appelle-t-elle ? ajouta Tom.

— Golddust. C'est une petite palomino.

Jessica sursauta.

— Comme la ponette que j'ai vue ce matin ! Ce ne serait pas la même, par hasard ?

— La tienne s'appelait Goldie, non ? remarqua Rosie.

— Goldie, Golddust, c'est pareil ! bougonna Alex, ennuyé par ces bavardages.

Kate tendit à Jessica un morceau de papier.

— Tiens, voilà le numéro de téléphone qu'elle nous a laissé.

Jessica lut à voix haute.

— « Belinda Lang, Colcott 2562, ponette palomino, Golddust. » Bon, je l'appellerai dès que j'aurai fini de m'occuper de Ménestrel.

Tracassée par cette histoire, elle se mit à parler toute seule pendant qu'elle brossait son cheval.

— C'est forcément la ponette que j'ai vue ce matin ! Mais je n'y comprends rien. Entre le père qui la poursuit pour la mettre dans le van, et la fille qui prétend qu'elle a disparu…

Elle haussa les épaules et sortit le papier de sa poche. Après une dernière caresse à Ménestrel, elle décida d'aller téléphoner.

— Les enfants, appela Nick du seuil de son bureau, vous voulez bien venir une minute ?

Les jeunes cavaliers s'empressèrent de le rejoindre.

— J'ai une grande nouvelle à vous annoncer. Asseyez-vous.

Il s'installa devant sa table recouverte de papiers, croisa les bras et sourit.

— Comme vous le savez, le concours de Southdown aura lieu dans trois semaines.

Comment auraient-ils pu l'ignorer? C'était l'un des concours les plus prestigieux de la région, plus célèbre encore que celui de Benbridge, où leur club s'était souvent distingué.

— Cette année, continua Nick sans prêter attention à leurs murmures d'impatience, une épreuve spéciale est prévue pour les juniors, et on m'a proposé d'y inscrire trois cavaliers de Sandy Lane. C'est un grand honneur pour nous. Le seul problème, c'est que vous ne pourrez pas tous y participer.

«Il faut qu'il me choisisse. Il le faut!» songea Jessica alors que ses amis se mettaient à parler tous en même temps:

— Le concours de Southdown, c'est génial!

— Ça, c'est du sérieux!

— Même ma mère en a entendu parler!

— Quels chevaux allez-vous prendre ?

— Qui allez-vous choisir ? demanda Jessica, qui n'y tenait plus.

Tout le monde se tut.

— C'est bien là la question ! soupira Nick en remuant ses papiers. Ce sera une expérience fabuleuse ! Et, à mon avis, les trois qui sauront le mieux en profiter sont Tom, Charlie…

Tom rougit de plaisir, Charlie poussa un cri de joie et agita un poing victorieux. Jessica retint son souffle.

— … et enfin, Rosie, termina Nick.

Jessica eut subitement l'impression de regarder les autres par le mauvais bout de la lorgnette. La voix de Nick lui parvenait de très loin.

— Tom montera Chancey, Charlie Napoléon, et Rosie prendra Pepper. Je suis désolé de ne pas pouvoir tous vous inscrire… Cela dit, vous devez continuer à travailler, que vous y participiez ou non. Il y aura d'autres concours, et d'autres occasions se présenteront. Vous êtes tous d'excellents cavaliers et j'ai confiance en chacun d'entre vous. Maintenant, au travail ! conclut-il en sortant.

— Vous vous rendez compte ! s'écria Kate, lorsqu'ils se furent retrouvés dans la sellerie. Sandy Lane va participer au concours de Southdown ! Félicitations à tous les trois !

— Attends, on n'a encore rien fait ! s'esclaffa Tom.

— Oh, je ne me fais pas de souci pour vous ! On a bien remporté la coupe de Benbridge, non ? Alors, on en fera autant à Southdown.

— Ça, c'est sûr ! plaisanta Charlie. Il reste juste à savoir qui arrivera le premier.

— Moi, je serai déjà contente de terminer le parcours, murmura Rosie. J'ai un de ces tracs !

— Tu parles ! Tu vas encore nous épater, réussit enfin à articuler Jessica.

Rosie lui adressa un regard désolé avant de dire :

— Je crois que j'ai oublié de remplir le filet de Pepper. Tu viens avec moi ?

Pendant qu'elles se dirigeaient vers les box, Rosie continua :

— Je ne sais vraiment pas pourquoi Nick m'a choisie ! Je ne m'y attendais pas du tout.

Le petit pinto leva la tête à leur approche, surpris de les voir déjà de retour.

— Arrête, tu es une excellente cavalière, et Nick le sait bien, protesta Jessica.

— Tu n'aurais pas peur de participer à un concours pareil ? J'ai les jambes coupées rien que d'y penser !

Jessica se força à sourire.

— Tout ira bien... surtout si je suis là pour t'encourager. Allez, vivement Southdown !

— Pitié, pas trop vite ! gémit Rosie.

Jessica montait sur sa bicyclette pour rentrer chez elle quand Nick sortit de la sellerie.

— Merci encore pour ce matin, Jessica. Et ne sois pas trop déçue pour Southdown. C'est un concours très strict ; ce n'est pas forcément ce qui te convient pour le moment.

— Je sais. Je suis trop brouillonne, et je manque d'équilibre.

Nick rit de bon cœur.

— Ne dis pas de bêtises ! Même si un peu de modestie ne nuit jamais, surtout en saut d'obstacles, tu es une cavalière passionnée et très intuitive. Ta chance viendra.

Quoi ? Il avait bien dit « intuitive »… « passionnée » ? Le moral de Jessica remonta en flèche. Le gros nuage gris qui planait au-dessus de sa tête se dissipa pour laisser enfin passer les rayons du soleil.

— C'est vrai ? insista-t-elle.

— Tout à fait.

Quand Jessica arriva chez elle, elle avait retrouvé sa bonne humeur. Elle mit le couvert et fit spontanément la vaisselle qui traînait dans l'évier.

Sa mère fronça les sourcils.

— Qu'est-ce que tu vas encore me demander ?

Au moment de se mettre au lit, alors qu'elle passait en revue les événements de cette journée mouvementée, Jessica laissa échapper un cri d'horreur : elle avait complètement oublié d'appeler Belinda au sujet de la petite palomino !

— Il est trop tard ! dit-elle à voix haute.

Je l'appellerai demain matin. Comment ai-je pu oublier ?

Elle se glissa sous sa couette, mais fut incapable de trouver le sommeil. Quand elle réussit enfin à s'endormir, ses rêves furent perturbés par la vision de Goldie qui réalisait un sans-faute à Southdown. Cependant, en dépit de tous ses efforts, elle ne put voir qui la montait…

3

Leçon d'obstacles

«Vous êtes bien à Colcott 2562. Nous sommes désolés de ne pas pouvoir vous répondre, mais laissez-nous un message et nous vous rappellerons.»

Jessica fit la grimace: elle détestait les répondeurs! Elle entortilla le fil du téléphone autour de ses doigts et attendit le bip.

— Bonjour. Je voulais parler à Belinda au sujet de sa ponette. Je l'ai vue hier matin. Je suis Jessica Adams, et on peut me joindre toute la journée aux écuries de Sandy Lane.

Elle raccrocha et regarda sa montre. Il lui

restait vingt minutes avant la prochaine reprise. Ils devaient travailler le saut d'obstacles, et tous les jeunes y participaient.

Elle se précipita vers le box de Ménestrel. Nuage hennit en la voyant arriver, et la jeune fille chercha dans sa poche le morceau de sucre qu'elle avait pris à son intention.

— Tiens, ma grande ! Ne le dis pas aux autres, hein ? Sinon, ils vont tous m'en réclamer.

Nuage secoua sa crinière d'un air complice et croqua la friandise.

En conduisant Ménestrel au manège, la jeune fille retrouva Rosie, qui se lamentait :

— J'espère que les obstacles ne seront pas trop hauts aujourd'hui...

— Amenez-moi vos chevaux, leur lança Nick depuis le centre de la piste. Je vais les tenir pendant que vous irez reconnaître le parcours.

— Hou là ! Ça a l'air sérieux..., soupira Rosie.

Il y avait huit obstacles au total, avec un croisillon au début, un petit mur à la fin et une double combinaison au milieu, pas très haute, mais pas facile.

— Aïe ! gémit Rosie alors qu'elles revenaient chercher Ménestrel et Pepper.

— C'est juste qu'ils sont disposés comme sur un véritable parcours, remarqua Jessica. Il nous arrive d'en sauter des bien plus hauts.

— Exactement, opina Nick. Alors, qu'en pensez-vous ?

Les cavaliers poussèrent des grognements.

— Ne vous inquiétez pas ! Ces obstacles ne sont pas plus difficiles que ceux que vous avez l'habitude de sauter. Je suis sûr qu'ils ne vous poseront aucun problème.

Jessica se tourna vers Rosie avec un grand sourire.

— Qu'est-ce que je te disais ?

— Pff ! C'est du gâteau ! déclara Charlie.

— En selle, maintenant ! lança Nick. Je sais que vous n'avez pas tous le même niveau et que certains d'entre vous trouvent peut-être ce parcours facile, ajouta-t-il avec un coup d'œil appuyé vers

Charlie. Cependant, pour faire une belle performance, il ne suffit pas de réaliser un sans-faute. On doit aussi faire preuve d'anticipation et d'application. Et ne pas brûler les étapes. Voilà pourquoi il est essentiel de le reconnaître attentivement. Vous avez compris ?

Ils hochèrent la tête avec vigueur. Nick se tourna vers Tom.

— Tu veux bien le tester pour nous ? lui demanda-t-il avec un clin d'œil.

Après un rapide tour de piste, Tom et Chancey enchaînèrent les obstacles sans hésitation.

— Ça paraît si simple quand on les voit faire ! soupira Rosie tandis qu'ils terminaient sur un sans-faute.

— Tom est super fort, acquiesça Jessica.

— Bravo, Tom ! s'exclama Nick. Qui veut prendre la suite ?

Sans laisser aux autres le temps de répondre, Charlie lança Napoléon au galop et réalisa le parcours en un temps record.

Jessica se disait qu'il avait vraiment l'allure d'un pro quand le verdict de Nick tomba brutalement :

— Pas mal, Charlie, cependant la prochaine fois j'apprécierais un peu plus de réflexion et un peu moins d'esbroufe. Napoléon a failli déraper dans les virages. C'est vrai qu'il ne faut pas perdre de temps, mais pas au point de risquer de blesser son cheval en coupant les angles.

Charlie rougit, douché par les paroles de l'instructeur. Jessica eut de la peine pour lui : il avait été si content de son exploit ! Elle commença à se sentir nerveuse. Si Nick critiquait Charlie, que dirait-il de son style ?

Rosie se lança à son tour, toujours très posée, et Jessica comprit pourquoi Nick l'avait sélectionnée pour Southdown...

Ensuite, Nick se tourna vers elle.

— À toi, Jess ! Vas-y doucement. Pense à ta ligne centrale. Et ne quitte pas les obstacles des yeux.

Jessica hocha la tête et dirigea Ménestrel vers le premier vertical avec confiance, car le parcours ne présentait pas de difficultés particulières. À son grand plaisir, Ménestrel trouva tout de suite sa cadence.

Mais la combinaison surgit devant elle plus vite qu'elle ne s'y attendait.

— Flûte ! marmonna-t-elle quand Ménestrel changea subitement de rythme.

Elle essaya de se rappeler les conseils de Nick : « Pense à ta ligne centrale… ne quitte pas l'obstacle des yeux… »

Bang ! Ménestrel accrocha la barre supérieure du deuxième élément, qui tomba sur le sol avec un bruit mat.

— Trop de précipitation, Jess, commenta Nick quand elle eut terminé. En contrepartie, si ça peut te consoler, tu as réalisé un temps record.

Elle essaya de sourire, mais elle s'en voulait. Il aurait suffi d'un peu plus d'attention pour qu'elle réussisse un sans-faute.

— À nous, Hector ! s'écria Alex.

Hector prit les obstacles avec autant de lenteur que de lourdeur.

— Bravo, Alex ! s'écria néanmoins Nick quand le couple eut fini le parcours sans commettre la moindre erreur. Tu as bien fait de le pousser un peu. À toi, Kate ! Montre-nous ce que tu peux faire.

Jessica bouillonnait. Jusque-là, elle était

la seule à avoir renversé une barre. Elle était trop préoccupée par son demi-échec pour regarder ce qui se passait sur la piste.

— Oh ! cria Rosie, et Jessica releva la tête juste à temps pour voir Jester se dérober devant la haie.

— Sais-tu pourquoi il a refusé l'obstacle ? demanda Nick.

— Oui, je l'ai retenu. C'est ma faute, reconnut Kate.

— Que cela te serve de leçon ! Reprends au même endroit.

Kate présenta de nouveau Jester devant la haie. Cette fois, le poney la franchit largement.

La reprise terminée, Jessica sauta à terre pour ramener Ménestrel à l'écurie. Elle se retourna vers Rosie, qui la suivait avec Pepper, un grand sourire aux lèvres.

— Tu as super bien sauté, Rosie !

— Oui, mais toi, tu as été beaucoup plus rapide que moi. Oh, j'ai adoré cette reprise ! Je ne comprends pas pourquoi j'ai toujours autant le trac avant les leçons. Je m'éclate trop une fois que j'y suis !

Les deux amies attachèrent leurs montures dans la cour pour les brosser. Tom avait déjà conduit Chancey à son box; et Kate, elle, était restée dans le manège pour faire sauter Jester une dernière fois.

— C'était super! leur lança Charlie. Je trouve qu'on a tous assuré. On se demandait avec Alex lequel de nous trois gagnerait le trophée de Southdown si on devait se baser sur cette reprise.

— Oh, tu ne vas pas commencer à la ramener! le rabroua Jessica.

— Oh, oh! s'esclaffa Alex. On dirait que tu touches un point sensible, Charlie. Tu ferais mieux d'éviter de parler de Southdown devant Jessica. Elle est légèrement susceptible...

Jessica faillit exploser: elle s'était fait une raison pour Southdown! Enfin, presque. De toute façon, ça ne donnait pas à Alex le droit de l'asticoter. Elle plongea la brosse dans le seau et la secoua sur lui. Charlie fut arrosé lui aussi. Rosie pouffa devant le sourire triomphal de Jessica.

— Bataille d'eau! crièrent les deux garçons à l'unisson.

Bientôt, il y eut de l'eau partout. Les quatre cavaliers étaient complètement trempés. Alex bondit en arrière pour éviter de nouvelles éclaboussures et accrocha du coude les balais posés contre le mur, qui tombèrent avec fracas.

— Qu'est-ce qui se passe ici? s'écria Sarah depuis le fond de la cour. Désolée d'interrompre votre bagarre, mais quelqu'un te demande, Jessica.

— C'est sans doute le découvreur de talents de Southdown! ne put s'empêcher de plaisanter Charlie.

— Il s'agit d'une jeune cavalière qui voudrait te parler d'une palomino, précisa Sarah alors que Jessica s'apprêtait à asperger le garçon.

— Elle est venue à cheval?

— Non, à pied. Allez, dépêche-toi. Vous autres, nettoyez-moi tout ça immédiatement!

Jessica courut vers la sellerie et vit une grande fille mince qui l'attendait sur le seuil, le regard perdu. Elle portait de beaux jodhpurs beiges et un chemisier blanc. Jessica se sentit toute sale et débraillée, avec ses cheveux trempés et son tee-shirt parsemé de brins de paille. Elle s'approcha, bien loin d'éprouver l'assurance dont elle avait fait preuve la veille pour arrêter la petite palomino.

— Bon... bonjour, bégaya-t-elle. Je suis Jessica. Tu es Belinda ?

La fille tourna la tête dans sa direction et la dévisagea un long moment. Jessica remarqua qu'elle avait le teint pâle et les traits tirés.

— Oui, répondit-elle enfin. Tu disais dans ton message que tu avais vu Golddust ?

— Je crois. Hier matin, une petite palomino a déboulé ventre à terre dans la cour. Elle mesurait environ un mètre quarante et elle avait une magnifique crinière et une longue queue dorées.

— Ça lui ressemble. Alors, elle est ici maintenant ? C'est toi qui l'as attrapée ?

— Oui, mais je l'ai tout de suite rendue à l'homme qui la poursuivait.

— Un homme ? Mais quel homme ?

— Euh... ton père. Sauf que lui, il l'appelait Goldie. Il disait que c'était une vraie diablesse... et qu'elle t'appartenait.

— C'est... c'est impossible, lâcha Belinda. Mon père est mort.

Jessica ouvrit la bouche et la referma, frappée de plein fouet par l'horrible vérité.

— Oh, mon Dieu! gémit la jeune fille. Golddust ne s'est pas sauvée, on l'a volée!

4

Jessica passe à l'action

Jessica se laissa tomber sur la chaise de la sellerie et enfouit son visage entre ses mains.

— Ce n'est pas possible, lâcha-t-elle. J'ai aidé cet homme à voler Golddust ! Quelle idiote ! Oh, Belinda, je suis désolée.

— Tu n'y es pour rien. Tu ne pouvais pas savoir.

— Tu es bien gentille de dire ça... Du coup, je m'en veux encore plus. Moi, je serais furieuse à ta place.

— À quoi bon ? Ce n'est pas ça qui me rendrait Golddust.

Sarah apparut sur le seuil, suivie de Rosie. Jessica s'empressa de les mettre au courant.

— Mais comment le voleur connaissait-il le nom de la ponette ? s'exclama Rosie.

Belinda haussa les épaules.

— Golddust n'a rien de très original comme nom pour un palomino. Mais il la décrivait si bien qu'on l'a choisi quand même.

— Quoi qu'il en soit, il faut prévenir la police, déclara Sarah. Tu dois raconter ce qui s'est passé, Jessica, et donner la description de cet homme.

— La police ! s'écria Jessica d'une voix étranglée.

— Tu veux que je vienne avec toi ? proposa Sarah. On peut y aller tout de suite. J'ai un peu de temps devant moi.

— Oh, oui, merci.

Sarah se tourna vers Belinda.

— Tu veux nous accompagner ?

Belinda secoua la tête.

— Non, j'ai déja signalé la disparition de Golddust. Ma mère m'a emmenée au commissariat tôt ce matin. Ce n'est pas la peine que j'y retourne.

— Je comprends, fit Sarah. Tu peux nous attendre ici, si tu veux.

Jessica, elle, ne comprenait pas : à la place de Belinda, elle aurait appelé le commissariat toutes les cinq minutes.

Les craintes de Jessica s'envolèrent dès son arrivée au commissariat. Le policier qui prit sa déposition lui demanda juste de raconter ce qui s'était passé, sans rien omettre.

— Vous allez retrouver Golddust ? demanda-t-elle, rongée par l'inquiétude. Vous allez attraper le voleur ?

— Nous ferons de notre mieux. Mais ce n'est pas évident.

— Qu'est-ce qu'il va faire de Golddust, à votre avis ?

Le policier haussa les épaules.

— Il va peut-être tenter de la vendre aux enchères. À moins qu'il n'ait déjà un acheteur…

Jessica ne dit rien pendant le trajet de retour. À peine arrivée à Sandy Lane, elle courut à la sellerie. Elle y trouva Rosie, qui l'attendait impatiemment.

— Comment ça s'est passé ?

— Pas trop mal, répondit Jessica en se laissant tomber sur une vieille chaise en paille. Évidemment, il ne faut pas s'attendre à ce que la police lance des recherches nationales... Mais où est Belinda ? demanda-t-elle brusquement en regardant autour d'elle.

— Elle a fini par rentrer chez elle.

— Tu plaisantes ! Si j'avais perdu ma ponette, je la chercherais partout, je serais incapable de rester chez moi à me tourner les pouces. Franchement, ça n'a pas l'air de la chagriner beaucoup.

— Je suis persuadée qu'elle est bouleversée, même si elle ne le manifeste pas autant que toi. Tu te rends compte ? Son père est mort il y a à peine six mois, elle vient juste d'emménager à Colcott, où elle ne connaît personne, et voilà qu'on lui vole sa ponette. Il y a de quoi être sonnée, non ?

— Tu as raison, soupira Jessica. Finalement, c'est une chance que Belinda nous ait croisées ! s'écria-t-elle, soudain ragaillardie.

— Ah bon ! Pourquoi ?

— Parce que nous allons retrouver Golddust, toi et moi.

— Nous ? souffla Rosie.

— Oui ! Comme c'est un peu ma faute si elle a disparu, c'est la moindre des choses que je la recherche. Tu verras, avec Jessica Adams et Rosie Edwards sur la piste de Golddust, Belinda va bientôt retrouver le sourire !

5

Encore une catastrophe

Le lendemain lundi, Jessica se rendit au club bien décidée à entamer les recherches sans délai. Elle se dirigea vers la sellerie pour y prendre le journal local et passer en revue les annonces de chevaux.

Elle s'arrêta au passage pour caresser Nuage, qui avait sorti la tête par-dessus sa porte.

— Jessica ! l'appela Nick du fond de la cour. J'ai du travail pour toi. Sarah est chez le sellier, et je dois aller chez le marchand de fourrage. Quelqu'un vient pour une promenade dans vingt minutes. Tu peux seller Ménestrel ?

— Oui, bien sûr. Qui doit le monter?

— Une nouvelle cavalière. Elle s'appelle Pétronelle Slater. J'espère que notre club lui plaira, et qu'elle reviendra. Nous avons bien besoin d'accroître notre clientèle. En fait, je connais vaguement son père. Il m'a dit au téléphone que sa fille montait très bien et qu'il envisageait de lui acheter un poney.

— Elle en a, de la chance! soupira Jessica.

— Ce n'est pas encore fait, car il veut qu'elle prenne quelques cours avec nous avant de lui confier une telle responsabilité.

— Qui va l'accompagner?

— Tom. Bon, je te laisse.

— À plus tard!

Pendant qu'il montait dans la Land Rover, Jessica entra dans la sellerie. Tom n'était pas encore arrivé. En prenant la selle de Ménestrel, elle remarqua que celle de Chancey était toujours là. Tom allait être en retard! C'était étonnant de sa part: sa ponctualité était légendaire.

Elle n'eut pas le temps de s'inquiéter car la porte s'ouvrit sur lui.

— Ah, te voilà! Je commençais à me faire

du souci. Tu sais que tu dois accompagner une nouvelle cavalière en promenade dans dix minutes ? Je vais seller Ménestrel.

Elle se tut brusquement en voyant sa tête : il était livide et tenait à peine debout.

— Qu'est-ce qu'il y a ? Tu as une mine de déterré.

Il se laissa tomber sur la chaise en paille.

— Je ne sais pas ce que j'ai. Je me suis réveillé un peu barbouillé, et maintenant j'ai horriblement mal au ventre. Je crois que j'ai de la fièvre.

— Aïe... C'est peut-être la grippe.

— Non, je suis sûr que c'est plus grave. Je ne peux pas monter à cheval, Jessica. J'ai la tête qui tourne. Où est Nick ?

— Il est parti chercher du foin. Et Sarah est chez le sellier. Qu'est-ce qu'on va faire ? C'est trop tard pour décommander la promenade.

— On va devoir la reporter à un autre jour.

— À moins que j'y aille à ta place... Je vais prendre Hector, il est super fiable. Il vaut mieux ne pas annuler ; Nick ne trouverait pas ça très commercial.

Tom réussit à sourire malgré la douleur.

— Nick t'a déjà laissée accompagner quelqu'un en promenade, non?

— Oui, deux fois, répondit-elle avec fierté.

— Alors, dépêche-toi de seller les chevaux.

— D'accord!

Jessica était ravie de cette occasion de se racheter. Tout le club connaissait à présent l'histoire de Golddust et savait qu'elle avait pratiquement remis la ponette dans les mains d'un voleur. Elle s'était attendue à ce qu'on se moque d'elle, mais personne n'avait rien dit. Elle était néanmoins déterminée à leur prouver, en particulier à Tom et à Nick, qu'elle n'avait rien d'une écervelée. Elle allait conduire cette sortie et leur montrer sa compétence et son sens des responsabilités.

Elle avait juste fini de seller Ménestrel quand une Range Rover blanche flambant neuve entra dans la cour. Une fille à la mine hautaine en jodhpurs d'un beige immaculé en descendit. Elle tenait à la main une cravache. Elle devait avoir son âge. Un homme grand et fort émergea du côté conducteur.

La fille balaya les écuries d'un regard impérieux tandis que l'homme tournait vers Jessica un œil interrogateur.

— J'ai réservé un cheval pour ma fille.

— On dit une promenade, papa, le reprit sèchement celle-ci. Tu as réservé une promenade.

— Excuse-moi, ma chérie.

« Quelle peste ! » songea Jessica, qui éprouva pour la nouvelle une antipathie immédiate.

— Tu es Pétronelle Slater ? demanda-t-elle.

— Exactement.

— Eh bien, bonjour, Pétronelle. Je m'appelle Jessica Adams et c'est moi qui vais t'accompagner aujourd'hui. Je te présente ta monture, Ménestrel.

Pétronelle toisa le cheval avec mépris.

— Cette vieille rosse a l'air mal en point. Elle ne doit pas aller très vite.

Jessica sentit la moutarde lui monter au nez.

— Cette vieille rosse est un cheval! rétorqua-t-elle d'un ton glacial.

Cette pimbêche n'y connaissait rien en chevaux! Comment osait-elle traiter Ménestrel de vieille rosse? Elle se ressaisit: il ne fallait pas contrarier les nouveaux clients.

— Il adore galoper, ajouta-t-elle, les dents serrées.

Pétronelle secoua la tête.

— Non, il ne me convient pas du tout. Il est... trop quelconque. Non, voilà le genre de cheval que je veux monter.

Jessica regarda dans la direction qu'elle indiquait du bout de sa cravache et vit Nuage qui, selon son habitude, avait passé la tête par-dessus sa porte.

— Je suis désolée, mais il faut avoir monté quelque temps au club avant de pouvoir prendre Nuage. Elle a beaucoup de valeur et de caractère. Ses origines arabes la rendent un peu capricieuse, et pas toujours prévisible.

— C'est exactement ce que je recherche. Je suis une cavalière expérimentée, ce qu'on a oublié de te préciser, apparemment.

Elle se tourna vers son père.

— Papa, dis-lui, toi, que je suis tout à fait capable de monter ce cheval !

— Eh bien, commença M. Slater, ce...

— ... cette jument, marmonna Jessica.

— ... cette jument me semble tout à fait gentille. Je ne vois pas quel est le problème. Nick Brooks n'est pas là ? C'est lui que j'ai eu au téléphone.

— Non, il est absent, répondit Jessica, accablée de voir la situation lui échapper.

— Papa, je veux bien monter dans ce club, mais à condition de choisir les chevaux qui me plaisent ! s'emporta Pétronelle.

M. Slater se tourna vers Jessica, qui se sentait de plus en plus embarrassée.

— Voyons, jeune fille, pourquoi ne laissez-vous pas Pétronelle monter Nuage ? Ne vous inquiétez pas, j'arrangerai ça avec Nick Brooks dès son retour. Nous sommes de vieux amis, lui et moi, il n'y a pas de souci. Surtout que c'est moi qui paie, non ?

Jessica réussit une fois de plus à se contenir. Si Pétronelle et son père ne voulaient pas écouter ses conseils, tant pis pour eux. Elle confia les rênes de Ménestrel à Pétronelle et courut à la sellerie chercher l'équipement de Nuage. Elle se demanda si c'était bien prudent, mais elle chassa aussitôt cette pensée, tant elle voulait prouver qu'elle était capable de gérer cette promenade de A à Z. M. Slater avait tellement insisté qu'elle ne voyait pas ce qu'elle aurait pu faire d'autre.

Elle sella Nuage et la sortit dans la cour. Pétronelle eut du mal à se mettre en selle, car la ponette, ravie de sortir, dansait sur place.

Pétronelle partit au trot sans attendre Jessica, qui tressaillit en la voyant tirer comme une folle sur les rênes et agiter sa cravache tout près des yeux de la jument. Nuage secoua la tête pour se libérer et reprendre le contrôle de la situation.

Jessica mit Ménestrel au trot et quitta la cour derrière elles.

— Elle a hâte de galoper! lança Pétronelle par-dessus son épaule.

Jessica s'empressa de la doubler pour la conduire en direction du chemin côtier et du phare, où Sarah les avait emmenés quelques jours plus tôt.

Quand elles arrivèrent en vue des champs, Ménestrel frémit d'impatience. Quant à Nuage, elle avait carrément de l'écume aux lèvres. Plus elle tirait sur son mors, plus Pétronelle secouait les rênes. Les oreilles de la pauvre ponette touchaient presque le nez de sa cavalière.

— Tu devrais relâcher les rênes, suggéra Jessica avec diplomatie, alors qu'elle bouillait intérieurement. Et si tu veux qu'elle se calme, arrête d'agiter cette cravache !

— N'importe quoi ! Il faut leur montrer qui commande. Je ne vois pas l'intérêt de monter un cheval endormi. C'est bien plus excitant comme ça. J'y vais.

Sur ces mots, elle donna un affreux coup de cravache à Nuage. Surprise, celle-ci sauta en l'air et partit à travers le champ à toute vitesse. Sa cavalière tira sur les rênes, mais c'était trop tard. Elle ne contrôlait plus sa monture.

— Quelle abrutie ! s'exclama Jessica qui n'en croyait pas ses yeux.

Elle poussa un cri en voyant la ponette obliquer vers le bosquet du Rossignol. Elle fonçait droit sur les arbres, et Pétronelle semblait incapable de la faire dévier de cette trajectoire. Jessica sentit son sang se glacer en pensant aux branches basses.

Sans réfléchir, elle lança Ménestrel à leur poursuite. Le hongre ne demandait que ça. Assourdie par le martèlement des sabots, le visage fouetté par le vent et les yeux remplis de larmes, Jessica s'appliquait à garder une trajectoire rectiligne. Nuage avait de l'avance sur eux ; en revanche, elle n'allait pas droit, ce qui permettait à Ménestrel de gagner peu à peu du terrain. Mais le bois se rapprochait dangereusement...

Ignorant la sueur qui ruisselait sur l'encolure de Ménestrel, Jessica le pressa encore. Ils arrivèrent à la hauteur de Nuage à quelques mètres à peine des arbres. Pétronelle avait lâché les rênes pour s'accrocher à la crinière de sa monture. Jessica n'avait pas le choix : alors que Ménestrel et Nuage galopaient côte à côte, elle se pencha au mépris du danger pour attraper les rênes de la jument. Elle les saisit de justesse et les tira aussitôt vers la gauche tout en orientant Ménestrel dans la même direction.

Dès qu'elle eut repris la situation en main, Nuage obéit. Mais Pétronelle, surprise par ce brutal changement de cap, s'envola par-dessus son encolure pour atterrir lourdement dans la boue au pied des arbres.

Jessica réussit à arrêter les deux chevaux à la lisière du bois. Quand elle rassembla les rênes de Nuage, la ponette recula d'un bond, les naseaux dilatés, le souffle court, les flancs couverts d'écume et de sueur.

— Ho, ho, ma belle, tout va bien, c'est fini, murmura la jeune fille en se laissant glisser de sa selle. Tu n'as plus rien à craindre.

Peu à peu, Nuage se détendit et, rassurée par les paroles de Jessica qu'elle dévisageait avec intensité, elle frotta son nez contre son épaule.

Jessica se tourna vers Pétronelle.

— Ça va ?

— Non, ça ne va pas du tout ! brailla l'odieuse cavalière en frottant son postérieur maculé de boue. Cette bête est dangereuse. Vous ne devriez laisser personne la monter.

— Je te signale que c'est toi qui as insisté

pour la prendre ! explosa Jessica. Tu n'as pas vu qu'elle piaffait d'impatience ? Elle n'avait pas besoin de coups de cravache pour galoper !

— Quel culot ! C'est toi, la responsable. Je n'ai pas été correctement encadrée ! Je vais... je vais le dire... à... à... à Nick Brooks !

— Qu'est-ce qui se passe ici ? les interrompit soudain une voix familière.

Jessica se retourna d'un bond. La Land Rover était arrêtée en travers du champ et Nick s'avançait vers elles. Elle se demanda avec angoisse ce qu'il allait dire.

— Je me suis inquiété à mon retour quand j'ai vu que Chancey était dans son box et que Nuage s'était envolée. Que s'est-il passé ? Où est Tom ?

Jessica s'empressa de tout lui expliquer : le malaise de Tom, l'insistance de Pétronelle pour monter Nuage et le rôle qu'elle avait joué malgré elle dans cette affaire.

Nick la dévisagea avec sévérité et prit une profonde inspiration.

— Très bien, nous verrons ça plus tard.

Puis il se tourna vers Pétronelle.

— Ça va ? Tu n'es pas blessée ? Tu peux te relever ?

Pétronelle se redressa péniblement en portant la main à sa tête. Nick la prit par le bras pour la soutenir.

— Vas-y doucement.

— Non, mais ça va ! déclara Pétronelle d'un ton farouche.

Jessica remarqua cependant qu'elle avait les yeux remplis de larmes.

— Je vais te ramener dans la Land Rover. Jess rentrera avec Ménestrel et Nuage.

— Oh non ! gémit Pétronelle. Je ne veux pas que mon père me voie comme ça. Promettez-moi de ne rien lui dire.

— Ça me paraît difficile, étant donné…

— Je vous en supplie ! S'il apprend que je suis tombée, il ne voudra plus m'acheter de poney. Ou alors il m'en trouvera un bien pépère.

Nick secoua la tête.

— Eh bien, ça t'apprendra à te faire passer pour meilleure cavalière que tu n'es. Tu as intérêt à prendre quelques leçons avant d'acheter un poney. Je suis sûr que ça te sera très utile. D'ailleurs, même les bons cavaliers continuent à suivre des cours, ajouta-t-il alors qu'elle allait protester. Plus tu auras d'expérience, plus tu apprécieras d'avoir ton propre poney.

— Alors si... si je monte à Sandy Lane, vous me promettez de ne rien dire à mon père ?

Jessica laissa échapper un cri : elle ne manquait pas de culot ! C'était carrément du chantage ! Nick dut être surpris, lui aussi, car il mit du temps à répondre.

— Je n'aime pas qu'on me force la main, Pétronelle, déclara-t-il d'un ton grave. Et je pense sincèrement que tu as besoin de faire des progrès. Maintenant, te sens-tu prête à ramener Ménestrel sous la supervision de Jessica ?

Pétronelle hocha la tête frénétiquement.

— Très bien. Jess, il vaut mieux que ce soit toi qui montes Nuage. Tu viendras me voir une fois que tu auras dessellé les chevaux.

Sur ces mots, Nick regagna la voiture. Jessica le suivit des yeux, incapable de répondre quoi que ce soit.

Nick lui avait dit de monter Nuage ! Pas

dans le manège, pas dans la cour, mais en pleine campagne, alors que la ponette venait de s'emballer, en plus! Elle en oubliait presque la menace qu'il avait laissée flotter dans l'air: «Tu viendras me voir une fois que tu auras dessellé les chevaux.» Il n'y avait plus qu'une chose qui comptait: elle allait monter Nuage.

Elle rassembla ses rênes et se mit en selle.

— Vas-y, murmura-t-elle, et la jument avança lentement.

Elle se retourna; Pétronelle la suivait, complètement calmée. Jessica remarqua qu'elle ne montait pas si mal quand elle ne jouait pas les frimeuses.

Elle reporta son attention sur Nuage. La jument marchait d'un pas vif sans essayer de batailler contre les rênes. Jessica aurait bien aimé galoper. Elle savait que Nuage filerait comme le vent, mais ce n'était pas le moment.

«Je n'ai pas intérêt à commettre la moindre imprudence, sinon Nick ne me fera plus jamais confiance, songea-t-elle. Rentrons sagement à la maison.»

6

Coup de théâtre !

— À propos, de quoi souffrait Tom ? demanda Nick d'un ton sec. Tu m'as bien dit qu'il était malade ?

— Oui, il avait très mal au ventre. C'est pour ça que je lui ai proposé de m'occuper de la nouvelle.

Jessica se tenait devant Nick et Sarah dans leur cuisine. De la pointe de sa botte, elle dessina un petit cercle sur le vieux lino rouge, les yeux rivés sur ses pieds. Nick était appuyé contre l'évier, les bras croisés.

— Jess, je t'ai déjà laissée accompagner des promenades, mais, en l'occurrence, je voulais que ce soit Tom qui encadre Pétronelle. Il a plus d'expérience que toi.

Jessica déglutit pour retenir ses larmes.

— Et tu savais aussi que Nuage ne convenait pas à Pétronelle, continua-t-il.

— Je suis désolée. Je voulais bien faire. J'ai prévenu Pétronelle, mais M. Slater a insisté en disant qu'il vous connaissait bien et qu'il n'y avait pas de problème.

— Ah bon ? Je le connais à peine ! Mais j'avoue que ce n'est pas facile de tenir tête à un adulte.

— Je regrette sincèrement.

— Quoi qu'il en soit, j'ai été impressionné par la façon dont tu as maîtrisé Nuage, Jess. Tu as su garder ton calme et ton sang-froid dans une situation périlleuse. Bravo !

Jessica rougit jusqu'aux oreilles.

— Par conséquent, mon sermon s'arrêtera là. La journée continue, ajouta Nick avec un mouvement de tête vers la porte. Ça doit être l'heure de déjeuner.

Jessica partit sans demander son reste. Elle s'assit dans un coin de la sellerie et sortit ses sandwichs.

Tout en mangeant, elle se repassa en boucle sa chevauchée sur Nuage. Puis elle ouvrit le journal local et chercha les annonces des prochains marchés.

— Je vais montrer à tout le monde que je peux faire quelque chose de bien, murmura-t-elle. Alors, voyons voir… « Exposition florale de Benbridge, du 14 au 21 juillet…, parvis de l'église Saint-Olaf »… « Journée portes ouvertes à l'élevage de porcs du bois du Cerf »…

Elle fit glisser son doigt le long de la colonne, balaya les miettes du revers de la main et trouva enfin ce qu'elle cherchait.

— «Vente de chevaux aux enchères à Ash Hill. Tous les premiers jeudis du mois. Chevaux et poneys. Début de la vente à 10 heures, au champ de foire d'Ash Hill. »

Jessica fit un rapide calcul. On était lundi 7, les prochaines enchères auraient lieu dans trois jours.

— Je t'y prends ! s'écria une voix derrière elle.

Elle fit un tel bond que le journal lui échappa des mains.

Rosie éclata de rire.

— Tu recherches Golddust ?

— En effet. Oh, je viens de passer la pire matinée de ma vie…

— Qu'est-ce qui t'est encore arrivé ? Tu as capturé un autre poney ? Tu as démantelé un réseau international de voleurs de chevaux ?

Jessica éclata de rire et lui raconta sa promenade.

— Pétronelle Slater ? Jamais entendu ce nom-là, déclara Rosie quand elle eut terminé. En tout cas, elle n'est pas dans notre école.

— Tant mieux ! De toute façon, nous avons d'autres chats à fouetter, Rosie. Il y a une vente aux enchères à Ash Hill dans trois jours ! L'homme qui a volé Golddust pourrait très bien s'y trouver.

— C'est là que Nick a acheté Nuage ?

— Exactement. C'est un bon présage, non ?

L'arrivée d'Alex et de Kate interrompit leur conversation. Le frère et la sœur se disputaient, comme d'habitude. Charlie entra sur leurs talons et salua tout le monde à la cantonade.

— Quelqu'un a vu Tom ? demanda Jessica.

Ils secouèrent tous la tête.

— Nous avons une reprise d'obstacles, alors il ne devrait pas tarder, remarqua Alex.

À cet instant, Sarah fit irruption dans la pièce et leva la main pour réclamer le silence.

— Je suis désolée, j'ai une mauvaise nouvelle. Tom est à l'hôpital. Sa mère vient de m'appeler.

— À l'hôpital ! s'exclama Alex. Qu'est-ce qu'il a ?

— On ne sait pas, justement. Mme Buchanan m'a dit qu'il avait très mal au ventre ce matin, ce qui ne l'a pas empêché de venir à vélo à Sandy Lane. Tu l'as croisé, non, Jess ?

— Oui, il avait une mine affreuse.

— Il est rentré chez lui tant bien que mal. Une fois à l'hôpital, il a insisté pour que sa mère nous téléphone de peur qu'on n'oublie de s'occuper de Chancey.

— Il ne changera jamais ! gloussa Alex, mais Jessica sentit que son rire était forcé.

— Bon, vous le connaissez, il ne voudrait

pas que vous vous fassiez du souci pour lui. Surtout qu'il est entre de bonnes mains. Je vous préviendrai dès que j'aurai des nouvelles. En attendant, je vais faire travailler Chancey. Vous, vous avez une reprise, c'est ça ?

Personne ne répondit. Ils étaient tous sous le choc. Sarah frappa dans ses mains.

— Allez, dépêchez-vous ! Nick vous attend.

— Allons-y, dit Charlie. Ce n'est pas en se rongeant les sangs qu'on ramènera des coupes de Southdown. Je vais seller Napoléon.

— J'ai hâte de savoir de quoi souffre Tom ! grommela Alex alors que leur reprise s'achevait.

L'heure avait été très calme. Ils avaient tous bien travaillé, mais le cœur n'y était pas. Préoccupée par la santé de leur ami, Jessica avait réalisé un sans-faute qui n'avait rien d'exceptionnel.

— Et si on restait ici en attendant le coup de fil de la mère de Tom ? proposa

Rosie à Jessica quand elles eurent terminé de panser leurs montures.

— Bonne idée, fit la jeune fille en se dirigeant vers les balles de foin empilées derrière la grande écurie. Tiens, on va en profiter pour établir un plan de recherches de Golddust ! On pourrait mettre des affiches un peu partout. Et aussi appeler le maréchal-ferrant, les vétérinaires, etc. Belinda a déjà rendu visite aux clubs des environs, mais il doit y avoir autre chose à faire...

— Tu ne trouves pas que tu oublies un petit détail ?

— Lequel ? Je ne vois pas.

— Je te rappelle simplement que c'est Belinda, la propriétaire de Golddust. La moindre des choses, ce serait de lui proposer de se joindre à nous.

— Tu as raison ! Un peu d'action ne lui fera pas de mal...

— Oui, et ça lui remontera le moral, de savoir qu'on veut l'aider, enchaîna Rosie.

— Je vais l'appeler tout de suite !

— Ho, doucement ! Il ne faut pas non plus l'affoler. Tu es un peu fatigante, par moments.

— Je sais…

À cet instant, Kate arriva en courant.

— Venez vite ! Sarah a des nouvelles de Tom. Elle nous attend dans la sellerie.

Les trois filles s'y précipitèrent aussitôt. Charlie et Alex étaient déjà là.

— Tom a une crise d'appendicite, leur annonça Sarah. Il sera opéré cet après-midi. Il ne devrait rester que trois jours à l'hôpital, mais il faudra attendre quelque temps avant qu'il puisse reprendre une activité normale.

— Quand est-ce qu'il va remonter à cheval ? voulut savoir Alex.

— Pas avant un bon mois, je le crains.

— Alors, il va rater Southdown !

— En effet…

— Pauvre Tom ! soupira Rosie.

— Pauvre Chancey ! lui fit écho Jessica.

En fin d'après-midi, Jessica se rendit chez Belinda, qui habitait l'une des nouvelles maisons construites en bordure de la ville.

Lorsqu'elle l'avait appelée au téléphone, Belinda s'était montrée hésitante ; toutefois, Jessica avait cru déceler une pointe de curiosité dans sa voix.

Une fois sur place, elle aperçut derrière la haie une statue de cheval cabré qui montait la garde au pied du perron.

Ce fut la mère de Belinda qui lui ouvrit la porte.

— Tu dois être Jessica. Entre, Belinda t'attend !

Belinda apparut en haut de l'escalier. Elle portait un jean et un pull bleu marine. Ses cheveux étaient relevés en queue de cheval. Elle accueillit Jessica avec un petit sourire triste.

Dès que celle-ci entra dans la chambre de Belinda, elle s'y sentit à l'aise. Les murs étaient tapissés de photos de chevaux et de poneys. Il y avait aussi beaucoup de rosettes, surtout des rouges, nota-t-elle avec envie.

— Je les ai toutes gagnées avec Golddust, lui apprit fièrement Belinda, qui avait suivi son regard. C'est une très bonne sauteuse.

— Tu as de la chance !

— Tu montes régulièrement à Sandy Lane ?

— Oui, mais je ne possède pas de poney. Heureusement, les leurs sont adorables. Surtout Nuage. C'est ma préférée.

— C'est la petite ponette grise ?

— Comment tu le sais ?

— Juste une supposition, répondit Belinda avec un petit sourire. Je l'ai remarquée quand je suis venue hier.

Elle se tut, pensive. Jessica décida de se lancer.

— Belinda, Rosie et moi, on voudrait t'aider à retrouver Golddust. Nous pensions mettre des affiches pour signaler qu'elle a été volée et aussi surveiller les ventes de chevaux dans les environs. Il y en a une jeudi... Enfin, si tu veux de notre aide, bien sûr.

Belinda la dévisagea, les yeux brillants.

— C'est vrai ? Tu parles sérieusement ? s'écria-t-elle. Oh, merci !

Elle raconta en détail tout ce qui lui était arrivé depuis six mois. Jessica l'écouta sans l'interrompre. Elle apprit ainsi que la mère de Belinda avait dû chercher du travail après la disparition de son mari. Elles venaient d'emménager à Colcott, où Mme Lang avait trouvé un emploi. Belinda changerait donc d'école après les vacances.

Elle expliqua ensuite à Jessica qu'elle avait loué un pré à la sortie de la ville, pour y mettre Golddust en attendant que sa mère gagne suffisamment d'argent pour payer sa pension dans un club. Puis elle lui parla des recherches qu'elle avait faites de son côté. Enfin, elle lui avoua qu'elle s'était sentie très seule quand elle avait vu comme ils s'entendaient tous bien à Sandy Lane.

— Eh bien, tu n'es plus seule maintenant ! s'écria Jessica. Tu nous as, Rosie et moi ! Et nous irons ensemble à cette vente aux enchères jeudi.

— Quelle bonne idée ! Ce serait merveilleux si on retrouvait Golddust là-bas...

— Dis donc ! C'est toi et ta ponette sur cette photo ? s'exclama soudain Jessica en montrant un cadre sur une étagère.

— Oui. C'était au concours d'obstacles novice à Benbridge, l'été dernier.

Belinda prit le cadre et l'épousseta avec la manche de son sweat-shirt avant de le lui tendre.

— Tu étais à Benbridge ? C'est fantastique. Tom y était aussi. Il a remporté l'open de saut.

Jessica plissa subitement les yeux.

— Eh, attends une minute !

— Qu'est-ce qu'il y a ?

— Ce n'est pas Golddust ! gémit-elle.

— Ah, je peux t'assurer que si ! s'esclaffa Belinda. Je la connais, quand même, ma ponette !

— Pardon, je voulais dire que ce n'est pas celle que j'ai attrapée à Sandy Lane l'autre matin.

7

La vente aux enchères d'Ash Hill

Jessica dut attendre le jeudi matin pour raconter sa visite chez Belinda à Rosie. Sa mère avait insisté pour qu'elle fasse ses devoirs et ne l'avait laissée aller à Sandy Lane qu'en fin d'après-midi le mercredi. Elle avait à peine eu le temps de croiser Nick, qui lui avait annoncé d'un air mystérieux que Tom voulait la voir. Elle avait donc décidé de passer à l'hôpital au retour d'Ash Hill. Elles étaient convenues de retrouver Belinda à l'arrêt du bus pour partir avec elle à la vente aux enchères.

— Je ne me suis jamais sentie aussi gênée, Rosie, dit-elle. Quand j'ai vu la photo de Golddust avec sa tache blanche sur le front, j'ai compris que ce n'était pas la ponette que j'avais attrapée.

— Comment Belinda a-t-elle réagi ?

— Elle est restée assise sans rien dire. J'étais malheureuse pour elle. Moi qui pensais pouvoir l'aider... Du coup, Belinda ne sait pas si Golddust a été volée. Peut-être qu'elle s'est sauvée et qu'elle est morte sur la route, heurtée par une voiture.

— Au moins, toi, tu n'es plus impliquée dans sa disparition. N'empêche que je me demande ce qui est arrivé à la palomino que tu as vue, et d'où elle venait.

— J'aimerais bien le savoir, moi aussi. Je suis retournée au poste de police ce matin... toute seule cette fois-ci, à vélo, pour les prévenir que je m'étais trompée... que ce n'était pas la ponette de Belinda que j'avais interceptée.

— Et alors ? Qu'est-ce qu'ils ont dit ?

— Je suis tombée sur un autre policier. Il a tout noté dans un gros cahier d'un air blasé et m'a demandé de signer. Oh, Rosie, tu crois que ça va servir à quelque chose qu'on aille à Ash Hill ?

— On a promis à Belinda de l'aider à retrouver sa ponette, alors on ne peut pas abandonner ! Attention, la voilà, ajouta-t-elle avec un signe de tête vers la grande fille qui les attendait à l'arrêt du bus.

Elles la saluèrent de la main et traversèrent la rue pour la rejoindre.

— Bonjour, leur dit tranquillement Belinda.

— Salut, répondit Rosie. Jessica vient de tout me raconter. Quelle histoire ahurissante !

— Oui, c'est incroyable que deux palominos qui se ressemblent autant disparaissent le même jour !

Le bus arriva, et elles montèrent à l'intérieur. Elles firent tout le trajet sans dire un mot. Elles descendirent à la sortie de la ville devant le champ de foire et longèrent la file de voitures garées sur le bas-côté jusqu'au pré où avait lieu la vente.

Elles se frayèrent un chemin dans la foule pour atteindre l'endroit où étaient présentés les chevaux à vendre.

Rosie acheta le catalogue.

— Commençons par voir s'il y a un cheval qui correspond à la description de Golddust, dit-elle en l'ouvrant.

— En tout cas, elle ne peut figurer que dans les derniers inscrits, vu le peu de temps qui s'est écoulé entre sa disparition et la vente, remarqua Jessica.

— Tu as raison, l'approuva Rosie en se rendant aux dernières pages de la brochure.

Jessica regarda par-dessus son épaule.

— Oh, écoutez ça ! Lot quarante-deux. Ponette palomino. Un mètre trente-quatre. Entièrement garantie.

— Elle est un peu petite, commenta Rosie, mais ça vaut le coup qu'on vérifie.

— J'en vois une autre ! s'écria Belinda, qui lisait aussi par-dessus son épaule. Lot cinquante-cinq. Palomino de concours. Un mètre quarante-quatre. Saute un mètre cinquante. Quelques défauts, mais saine.

— Bof..., fit Rosie. On va quand même la voir, elle fait la bonne taille... Lot soixante-six. Palomino enregistrée. Bonne sauteuse. Un mètre quarante-deux sans les fers. Idéale pour le concours d'obstacles.

— Voilà qui est intéressant ! déclara Jessica. Tu vois autre chose ?

Rosie feuilleta le catalogue jusqu'à la fin et secoua la tête.

— Non, c'est tout.

— Tant mieux ! On en aura moins à contrôler.

— Comment va-t-on procéder ? demanda Belinda. Il faut qu'on attende la vente ?

— On doit faire croire qu'on est intéressées ; comme ça, on pourra les voir tout de suite, répondit Rosie.

— Tu rigoles ! Trois gamines toutes seules ? objecta Jessica, qui se mettait à douter de leur plan.

Elle se tut en voyant l'expression de Belinda.

— On n'a pas le choix, insista Rosie. On y va ensemble, ou on se sépare ?

— Ensemble, bien sûr, fit Belinda.

Jessica sentit son cœur se serrer quand elle vit les rangées de chevaux à vendre. La plupart étaient de bons poneys, parfaits pour les clubs d'équitation ; certains auraient la chance de partir avec de jeunes maîtres pleins d'amour. Mais les autres...

— Voilà le lot quarante-deux ! murmura Rosie.

Belinda secoua la tête.

— Non, ce n'est pas Golddust.

— Et celle-là n'est même pas palomino, remarqua Jessica quand elles arrivèrent devant le lot cinquante-cinq. Elle est carrément dun.

— Ils ont sans doute voulu compenser ses défauts en lui attribuant une jolie couleur, commenta Rosie.

En revanche, la ponette numéro soixante-six était une véritable palomino avec un bon regard.

— Elle est magnifique, mais ce n'est pas Golddust non plus, soupira Belinda, et Jessica eut de la peine pour elle.

— Venez ! dit Rosie. J'ai apporté de quoi déjeuner. On va partager.

Le cœur lourd, elles allèrent s'asseoir sous des arbres.

— Tomate et fromage, ou jambon ? demanda Rosie en déballant ses sandwichs.

— Fromage pour moi, répondit Jessica.

Elle jetta un coup d'œil à sa montre.

— Il faut que je me dépêche. J'ai promis de passer voir Tom cet après-midi.

— Je te trouve un peu vert, Tom, fit Jessica en fixant son ami.

— Merci de me remonter le moral ! Tu n'aurais pas bonne mine non plus si on t'avait farfouillé dans le ventre, puis recousue avec une grosse aiguille.

— Beurk !

Jessica sortit de son sac une pile de magazines écornés.

— Comme je ne pouvais pas t'apporter à manger, je t'ai choisi quelques journaux d'équitation. Je les ai déjà lus. Tu verras, il y a une histoire excellente sur un cavalier fantôme et un poulain égaré…

Elle balaya du regard la salle d'hôpital, qui comportait huit lits. Quatre seulement étaient occupés. En face de Tom se trouvait une fille de leur âge qui dormait à poings fermés. Elle avait de gros cernes sous les yeux.

— Elle s'appelle Marie, dit Tom, qui avait suivi son regard. Elle a un poney.

— La veinarde ! Au fait, pourquoi tu as demandé à me voir ? enchaîna Jessica, incapable de résister plus longtemps à sa curiosité.

— Nous avons une proposition à te faire, Nick et moi. Il préfère que ce soit moi qui t'en parle, mais il est à cent pour cent d'accord. C'est au sujet de Southdown. Comme je ne peux plus monter, je voudrais que tu prennes ma place.

Jessica le dévisagea, muette de stupeur. Elle ? Concourir à Southdown ?

— Je ne peux pas te remplacer, Tom ! souffla-t-elle. Tu es bien meilleur que moi.

— Mais personne ne te demande de m'égaler ! Oh, pardon... On croirait entendre Charlie.

— Exactement !

— Pour compenser, je viendrai t'encourager.

— C'est vrai ? Ce serait génial !

— Au fait, comment va Chancey, Jess ?

— Il va bien, mais tu lui manques, répondit-elle, l'esprit en ébullition. Ne t'inquiète pas. Nous lui avons expliqué que tu étais à l'hôpital, que tu reviendrais bientôt, et il a compris.

— Normal, il est super intelligent ! Tiens, voilà ma mère !

Jessica se leva pour saluer la grande femme élégante qui venait vers eux. Elle ne l'avait croisée que deux fois et tenait à lui faire bonne impression. Mais son sourire se figea quand elle aperçut l'homme trapu qui entrait derrière elle.

— Je le reconnais ! s'exclama-t-elle d'un ton accusateur. C'est lui qui a volé la ponette l'autre jour !

8

Tout s'explique

Les yeux écarquillés, Jessica dévisageait l'inconnu, muette de stupéfaction. Elle ne s'attendait pas à se retrouver face au voleur. Que devait-elle faire ?

— Mais… je te reconnais ! fit l'inconnu avec un grand sourire. On s'est vus l'autre matin, quand je courais derrière Goldie !

Il se tourna vers la fille dans le lit en face de Tom, qui se réveillait à peine.

— Marie, regarde, c'est la jeune fille dont je t'ai parlé, celle qui m'a aidé à rattraper Goldie.

Marie salua Jessica avec un petit sourire.

— A... alors Goldie est bien à vous? bafouilla Jessica.

— Non, pas à moi, à ma fille. Tu as été fabuleuse, ma grande! J'étais très perturbé ce matin-là. Marie avait été transportée à l'hôpital pendant la nuit et je venais chercher Goldie pour la confier à des amis. Elle s'est affolée au moment où je la montais dans le van, et elle est partie au triple galop. Sans toi, je ne sais pas comment ça se serait terminé.

— C'est une ponette magnifique, réussit à articuler Jessica.

— Oui, elle est adorable, opina Marie, les yeux brillants. Elle me manque terriblement. Comment tu t'appelles?

— Jessica Adams, fit Jess, toujours un peu sonnée.

— Bob Hugues, dit l'homme en lui serrant la main.

— Attends! s'écria Tom. Je croyais que cette ponette avait été volée.

— Volée? répéta le père de Marie, sidéré.

Tom n'y comprenait rien. Jessica s'empressa de lui expliquer qu'il y avait en fait deux ponettes palominos. Elle parla ensuite de Belinda et, pour finir, elle avoua qu'elle avait prévenu la police.

Le père de Marie éclata de rire.

— Me voilà devenu un dangereux criminel !

— Pauvre Belinda ! lâcha Marie. Elle n'a toujours pas retrouvé sa ponette ?

Jessica secoua la tête. Si Goldie était saine et sauve, bien en sécurité, ce n'était, hélas, pas le cas de Golddust.

— Concentre-toi ! cria Nick. Allez, Jess, tu laisses Ménestrel faire n'importe quoi ! Il va se dérober si tu ne le retiens pas.

Confuse, Jessica raccourcit les rênes de Ménestrel et le ramena devant le premier obstacle. Puis elle le rassembla pour qu'il prenne son élan au bon endroit, et ils s'envolèrent au-dessus du spa.

— C'est mieux, acquiesça Nick. Beaucoup mieux.

On était samedi et les cavaliers qui devaient participer au concours de Southdown avaient droit à une reprise spéciale. Il leur restait un peu moins de deux semaines pour se préparer.

— Tom sort de l'hôpital aujourd'hui, annonça Rosie alors qu'elle revenait avec Jessica à l'écurie, la séance terminée.

— Je me demande comment va Marie.

— Goldie doit affreusement lui manquer.

— Pas autant qu'elle manque à Goldie.

Les deux filles restèrent silencieuses un moment, songeuses. Aucune vente de chevaux n'était prévue dans l'immédiat. Belinda avait collé des affiches dans les environs, hélas sans résultat. En outre, la date du concours Southdown approchait et Jessica n'avait plus le temps de chercher la ponette. Pour se faire pardonner de ne plus l'aider, elle avait proposé à Belinda de l'emmener au concours. Mais Belinda, qui devait y participer avec Golddust, ne se sentait pas le courage d'y aller sans elle.

— Jessica, ne desserre pas la sangle de Ménestrel, lança Nick, la sortant brutalement de ses pensées. Il repart pour un cours tout de suite.

— Mais... je l'avais réservé pour la balade.

— Désolé, tu prendras un autre cheval.

Voyons voir. Qui vais-je te donner ? poursuivit-il d'un air pensif. Eh bien, je ne vois plus que Nuage, conclut-il, pince-sans-rire.

— Nuage ? souffla Jessica. C'est vrai ?

— T'en as, de la chance ! murmura Rosie.

— Il ne me reste plus qu'elle. Et c'est le moins que je puisse faire, puisque je te prive de Ménestrel pour le cours particulier de ta grande amie Pétronelle Slater. Eh, ne reste pas plantée là. Va la seller !

— Tout de suite !

Un quart d'heure plus tard, alors que les cavaliers participant à la promenade s'apprêtaient à quitter Sandy Lane, Jessica chercha Pétronelle des yeux. La pimbêche n'était pas en vue... Nick consultait sa montre en pestant.

— On y va ! lança Sarah, et ils prirent la direction des champs dans un grand claquement de sabots.

Jessica avait bien l'intention de tout oublier pendant une heure. Elle ne voulait plus penser à Bob Hugues, qu'elle avait pris pour un voleur, ni même à Golddust. Elle avait le pressentiment que plus le temps passait, plus les chances de la retrouver s'amenuisaient. Elle s'en voulait de laisser tomber Belinda, mais pour le moment elle tenait à se concentrer sur Nuage et à profiter à fond du plaisir de la monter.

Les oreilles tendues en avant, les sens en alerte, la petite jument grise avançait d'un pas léger. Arrivée à la lisière d'un pré, Sarah rassembla les cavaliers autour d'elle.

— Vous pouvez galoper jusqu'au bout du pré. Nous vous avons installé trois obstacles de cross-country. Vous les voyez ?

Jessica plissa les yeux et aperçut trois troncs disposés les uns derrière les autres.

Au signal de Sarah, tout le monde s'élança, Nuage en tête. Jessica la poussa au canter, puis au galop. La ponette franchit les troncs d'un mouvement tellement fluide que Jessica remarqua à peine qu'elles quittaient le sol. Une fois au bout du pré, elle lui fit exécuter un arrêt parfait.

Les joues rouges, les yeux brillants, Rosie immobilisa Pepper à côté d'elle. Le poney souffla de contentement.

— Vous avez été fantastiques ! commenta Rosie. Nuage a vraiment l'allure d'un cheval de course.

— Oui, elle est géniale ! acquiesça Jessica, euphorique.

9

Enfin Southdown !

Les quinze jours suivants passèrent sans que Jessica s'en aperçoive.

Le vendredi soir, la veille du concours de Southdown, elle tournait en rond dans la maison. Elle prit la télécommande de la télévision et fit défiler les chaînes sans qu'une seule retienne son attention. Elle alla ensuite dans la cuisine, ouvrit le réfrigérateur et contempla les aliments qui se trouvaient à l'intérieur.

— Ferme le frigo, Jess, lança son père. Tu laisses partir tout le froid.

— Ce qu'il te faut, c'est un bon bain,

et au dodo ! enchaîna sa mère. Et cesse de t'angoisser comme ça.

— Je ne m'angoisse pas, je suis impatiente d'être à demain, protesta Jessica, vexée.

Sa mère lui sourit. Alors que Jessica avait pensé que ses parents l'empêcheraient de participer au concours de peur que son travail scolaire n'en souffre, ils l'avaient encouragée, et lui avaient promis d'aller la voir concourir.

Jessica alla donc se coucher de bonne heure. Contrairement à ce qu'elle craignait, elle s'endormit dès que sa tête eut touché l'oreiller.

Elle fut réveillée par la lumière du jour. Le samedi tant attendu était enfin arrivé !

— Si on ne se retrouve pas, nous serons dans les gradins, lui dit sa mère pendant le petit déjeuner. Tu es sûre que tu ne veux pas qu'on te conduise à Sandy Lane ?

Jessica secoua la tête. Elle tenait à y aller à bicyclette, comme d'habitude.

— Ça fait partie de son rituel porte-bonheur, maman, se moqua son frère tandis qu'ils se disaient au revoir.

Sandy Lane était en pleine ébullition quand elle entra dans la cour, la housse en plastique contenant sa tenue de concours posée en travers du guidon.

Les cavaliers couraient de tous côtés. Jessica jeta sa bicyclette par terre, puis, prise de remords, la releva pour la ranger correctement contre le mur de la sellerie.

— Nous sommes tous avec toi, déclara Kate. Bonne chance, Jess !

Elle aperçut Charlie, qui finissait de brosser Napoléon devant son box. Il recula pour admirer le résultat.

— C'est parfait !

— Bof, je vois encore des traces de boue ! lança-t-elle au passage.

Laissant Charlie inspecter de nouveau son cheval à la recherche de taches imaginaires, elle se dirigea vers Ménestrel qui l'attendait, la tête passée par-dessus sa porte. Il hennit, les naseaux frémissant d'excitation.

— Ah, tu sens que je t'emmène à un concours, mon grand ! Et pas n'importe lequel ! C'est celui de Southdown, et je suis sûre que tu seras génial !

Bang !

La porte de Pepper s'ouvrit à toute volée et le petit poney sortit précipitamment de son box dans un fracas de sabots, poursuivi par Rosie.

— Il est complètement paniqué ! lança la jeune fille sans s'arrêter.

Voyant qu'elle lui courait après, le poney traversa la cour et fonça droit vers la mare, qu'il sauta sans effort. Une fois de l'autre côté, il trotta tranquillement vers les arbres et entreprit de brouter leurs feuilles sans se soucier des branches qui s'accrochaient dans sa crinière et défaisaient les belles nattes que Rosie avait mis des heures à tresser. Elle le ramena dans la cour, folle furieuse.

Quand tous les poneys furent prêts, Nick rassembla son équipe.

— Chacun de vous est responsable du chargement de sa monture avec autant de calme et de rapidité que possible. Voilà l'ordre : d'abord Ménestrel, puis Pepper, dans ce van, qui sera conduit par

Sarah. Je conduirai l'autre, où on mettra Napoléon, Plume et Nuage.

— Nuage ? s'exclama Jessica, stupéfaite. Mais je ne savais pas qu'elle venait. Et Plume aussi ? Qui va les monter ?

— Ne t'emballe pas. Nuage et Plume ne participeront à aucune épreuve aujourd'hui. Je les emmène juste pour les habituer à l'ambiance des concours. Bon, tout le monde est prêt ? Allons-y !

— Attendez-moi !

Ils se retournèrent et virent Belinda, en jodhpurs beiges et veste sombre, descendre de la voiture de sa mère et courir vers eux.

— Super ! Tu t'es décidée à venir, finalement ! se réjouit Jessica.

— Quel intérêt de rester chez moi à broyer du noir ? répondit la jeune fille avec un grand sourire. Autant que je vienne vous encourager, je vous dois bien ça !

Quand les vans de Sandy Lane pénétrèrent sur le champ de foire de Southdown en pleine effervescence, Jessica sentit son estomac se nouer, à la fois d'angoisse et d'impatience. Des commissaires équipés de porte-voix et de blocs-notes couraient partout en criant des ordres. Des camions et des vans de toutes les formes et de toutes les tailles s'étalaient à perte de vue. À chacun étaient attachés des poneys et des chevaux. Dans le manège de détente, une petite fille montée sur une minuscule ponette rouanne sautait inlassablement l'obstacle d'entraînement dans un sens, puis dans l'autre. Partout, d'élégants cavaliers en veste noire et jodhpurs crème se croisaient en se saluant.

Dans les stands, innombrables, on vendait de tout – du savon pour les selles aux casques d'équitation, en passant par les hot dogs et du saumon fumé.

Rosie et Jessica attachèrent leurs poneys et les brossèrent une dernière fois pendant que Nick passait ses troupes en revue.

— Je vais chercher vos dossards, ensuite nous reconnaîtrons le parcours ensemble, leur annonça-t-il.

Jessica se tourna vers Rosie, folle de joie.

— Tu te rends compte qu'on est à Southdown, Rosie ?

— J'ai trop le trac pour pouvoir apprécier…

Jessica chercha des yeux Tom, qu'elle n'avait pas revu depuis sa visite à l'hôpital, en vain.

Une fois leurs montures fin prêtes, elles allèrent retrouver Nick. Il leur distribua leurs dossards avant de les conduire sur le parcours. Belinda les accompagna pour les soutenir moralement, suivie par Alex et Kate.

Le parcours, compliqué, comprenait des obstacles assez gros. La combinaison déplut tout de suite à Jessica. Nick s'arrêta devant chaque obstacle pour leur donner des conseils et les rassurer ; puis, la reconnaissance terminée, il les laissa pour se rendre à la tente des juges.

Jessica se tourna vers Belinda.

— Tu as déjà fait un parcours aussi difficile ?

— Euh… non, malheureusement. Il a l'air super dur ! Il faut y aller tranquillement en essayant de se faire plaisir.

— Plus facile à dire qu'à faire…, grommela Jessica.

À son grand étonnement, elle constata pourtant que son ventre était moins noué et qu'elle avait hâte d'y être. Elle regarda sa montre : il était temps d'échauffer Ménestrel !

— Je vous rejoins, leur lança Belinda. Je vais jeter un coup d'œil à l'épreuve de dressage.

— Et moi, je dois retrouver ma mère, déclara Rosie pendant que Belinda s'éloignait. Je reviens !

Jessica retourna vers les vans avec Alex et Kate.

— Nick n'est pas avec vous ? leur demanda Sarah.

— Non, il devait passer voir les juges, répondit Alex.

— Je ferais mieux d'aller le chercher. Il y a un homme… un de ses amis, soi-disant… qui voudrait acheter Nuage. Je lui ai dit qu'elle n'était pas à vendre, mais il insiste lourdement, et je n'arrive pas à me débarrasser de lui. Vous voulez bien surveiller les chevaux ? Faites surtout attention à Pepper. Un rien l'effraie !

Vendre Nuage ? Jessica secoua la tête. Nick ne voudrait jamais se séparer d'elle ! Quoique... si c'était un de ses amis...

Elle s'approcha de la jument grise qui paissait à l'ombre et donnait des coups de queue, tous ses sens en alerte. À sa vue, Nuage leva la tête et hennit. Puis elle frotta son nez de velours contre l'épaule de la jeune fille, et sembla se calmer un peu.

— Ne t'inquiète pas, Nuage, chuchota Jessica. Nick et Sarah ne te vendront jamais. Ils t'aiment trop, et moi aussi...

Soudain, un petit chien surgit près d'elles en aboyant. Nuage tressaillit, mais Jessica la rassura aussitôt en lui caressant l'encolure.

— Rags ! Reviens ici tout de suite ! appela un enfant.

Sans l'écouter, le chiot se précipita entre les jambes des poneys en jappant de plus belle.

Pepper se mit à danser sur place et, paniqué par les aboiements de plus en plus perçants, il rua et heurta malencontreusement le boulet de Ménestrel, qui hennit de douleur et se cabra.

Jessica retint Nuage pendant qu'Alex et Kate essayaient de leur mieux de maîtriser Ménestrel et Pepper. Le jeune garçon réussit enfin à récupérer son chien. Trop tard ! Le mal était fait.

Nick et Sarah arrivèrent en courant et se précipitèrent vers Ménestrel, qui ne posait plus le pied par terre.

— Oh, non ! gémit Nick en lui passant la main sur la jambe. Il faut vite appeler le vétérinaire ! Désolé, Jessica ; ça m'étonnerait que tu montes Ménestrel aujourd'hui.

Pétrifiée, elle regarda Nick repartir vers la tente du secrétariat. Ce n'était pas possible ! Quelle poisse ! Pauvre Ménestrel ! Et elle n'avait pas de chance non plus... Son rêve de concourir à Southdown allait-il s'arrêter là ?

Elle fut brutalement tirée de ses pensées par l'arrivée de Belinda, qui courait vers eux en les appelant à grands cris.

— Hé, venez vite ! Aidez-moi ! Elle est là, qu'est-ce qu'il faut faire ?

— Calme-toi, intervint Sarah, on ne comprend rien à ce que tu racontes.
— Je l'ai vue ! Elle est là !
— Mais de qui parles-tu ?
— De Golddust ! Elle est à Southdown !

10

Coup de théâtre

Golddust ! Dans l'excitation des préparatifs, Jessica avait complètement oublié la ponette disparue.

— Tu es sûre ? demanda Sarah.

— Sûre et certaine ! Je la reconnaîtrais entre mille ! Mais… qu'est-ce qui se passe ? demanda-t-elle en s'apercevant tout à coup qu'ils faisaient des têtes d'enterrement.

Jessica commençait à raconter l'incident provoqué par le petit chien quand Sarah lui coupa la parole.

— Jess, je ne peux pas bouger d'ici. Il faut que tu ailles tout de suite avec Belinda voir ce qu'il en est. Surtout, n'intervenez pas. Et revenez nous chercher s'il y a du nouveau. Allez, dépêchez-vous !

Belinda entraîna sa nouvelle amie à travers la foule vers un petit groupe de chevaux rassemblés sous un bouquet d'arbres et s'arrêta à quelques dizaines de mètres de là. Jessica ne vit d'abord que des chevaux noirs, bais, rouans et gris.

— Elle est derrière, murmura Belinda.

Jessica plissa les yeux et aperçut un peu plus loin une magnifique palomino à la crinière d'or qui portait une tache claire sur le front. Elle dansait sur place, tenue par une petite fille qui tirait à deux mains sur sa longe pour essayer de la calmer. Et plus elle tirait, plus Golddust s'énervait.

— Mais qu'est-ce qu'elle fiche, cette gamine ? s'écria Belinda. Elle l'affole complètement. Il faut que j'y aille !

— Non, Sarah a dit de ne pas nous approcher !

— Je ne peux pas la laisser faire ça ! cria Belinda en s'élançant vers sa ponette.

— Attends-moi !

Arrivée à quelques mètres de Golddust,

Belinda ralentit et s'avança à pas lents tout en lui parlant d'une voix rassurante.

— Tout va bien, ma grande, je suis là...

Au son de sa voix, Golddust pointa les oreilles en avant. Et quand Belinda posa la main sur son encolure, elle hennit de bonheur. Belinda enfouit son visage dans sa crinière.

— Tout va bien, ma beauté. Je suis là. Je t'ai enfin retrouvée !

— Oh ! Merci ! Merci ! s'exclama la fillette. Heureusement que vous êtes arrivées ! Je ne savais plus quoi faire pour la calmer.

À la vue de son petit visage trempé de larmes, Jessica eut de la peine pour elle.

— Tes parents ne sont pas là ?

— Ils sont partis voir un poney qu'ils veulent acheter à ma sœur.

— Alors, cette ponette est à toi ? demanda Jessica avec un geste vers Golddust.

— Non, moi, je n'aime pas l'équitation. Elle est à ma sœur. On ne l'a pas depuis longtemps, mais elle est insupportable, et papa préfère acheter un poney plus facile.

Mais qui êtes-vous ? Mes parents me défendent de parler à des étrangers.

Jessica sourit.

— Je m'appelle Jessica, et voici Belinda.

— Moi, c'est Sally. Ma sœur doit participer au saut d'obstacles junior. Elle va pas s'amuser ! Cette ponette est complètement folle.

— Non, elle est juste effrayée, protesta Belinda. Mais, dis-moi, où l'avez-vous trouvée ?

— Papa l'a achetée. Pourquoi ?

— Figure-toi que cette ponette s'appelle Golddust et qu'elle a été volée à Belinda il y a quinze jours, répondit Jessica.

Sally écarquilla les yeux d'horreur.

— Mais... c'est impossible ! Papa ne l'a pas volée, il l'a payée, je vous le jure !

— Ça, je ne le mets pas en doute, s'empressa de la rassurer Belinda. Elle a été volée par celui qui l'a vendue à ton papa.

— Oh !

— Il faut qu'on voie tes parents, insista Jessica, très gênée.

— Justement, les voilà avec ma sœur ! s'écria Sally, soulagée.

Jessica se retourna et se figea en reconnaissant la fille qui venait vers elle, habillée d'une veste superbement bien coupée, de jodhpurs immaculés et de bottes rutilantes.

— Pétronelle ! souffla-t-elle.

— Qu'est-ce que tu fais là ? lança l'adolescente.

M. Slater suivait sa fille en compagnie d'une femme qui affichait la même moue dédaigneuse que Pétronelle. « Sa mère, sans doute », songea Jessica.

— Quel dommage que Nick Brooks refuse de vendre cette adorable ponette grise que tu as eu tant de plaisir à monter, ma chérie ! soupira Mme Slater.

— Je n'en voulais pas, de toute façon, marmonna Pétronelle.

Jessica n'en croyait pas ses oreilles : de toute évidence, elles parlaient de Nuage ! Si Mme Slater savait comment s'était terminée la promenade...

— Papa, papa ! cria alors Sally d'une voix angoissée. La ponette de Pétronelle a été volée !

— Qu'est-ce que tu racontes ? rétorqua sa sœur. Elle est juste devant toi. Ouvre les yeux !

— Non, je veux dire que c'est une ponette volée !

— Arrête de dire des bêtises ! la gronda M. Slater. Je l'ai achetée en bonne et due forme.

— Ça, je n'en doute pas. N'empêche que c'est ma ponette, et je peux le prouver ! explosa Belinda. Elle a été marquée à froid juste ici, ajouta-t-elle en montrant un numéro sur l'encolure de la petite palomino. Et j'ai tous ses papiers à la maison.

Mme Slater se tourna vers son mari, l'air furieux.

— Je t'avais bien dit que ce type ne m'inspirait aucune confiance, mais, bien sûr, tu ne m'as pas écoutée, comme d'habitude !

— Tu avais raison, reconnut M. Slater, penaud. Mais Pétronelle voulait tellement cette ponette ! Nous allons appeler la police pour régler cette affaire sans délai.

— Et si on allait chercher Nick ? suggéra Jessica, ravie de la tournure que prenaient les événements.

M. Slater dévisagea Jessica avec attention.

— Mais… je te connais, non ?

— Oui, répondit Jessica, c'est moi qui ai emmené Pétronelle en promenade à Sandy Lane quand elle a monté Nuage…

« Du moins quand elle a essayé », rectifia-t-elle mentalement.

— Ah, oui ! C'est juste après que nous lui avons acheté cette ponette. Notre fille était très contente de sa balade, et de la façon dont elle s'était entendue avec sa monture.

Jessica jeta un bref coup d'œil vers Pétronelle. Celle-ci, très embarrassée, baissa les yeux et donna des petits coups de talon dans l'herbe. Jessica se demanda si elle ne devrait pas révéler la vérité à ses parents, mais elle y renonça : à quoi bon ? Pétronelle les menait par le bout du nez. Et il y avait des choses plus importantes à faire.

— Bon, je vais chercher la police, déclara M. Slater comme s'il lisait dans ses pensées.

— Tu as intérêt, Colin, aboya Mme Slater. Tu te rends compte ? Tu es mêlé à une histoire de vol !

À cet instant, une pensée affreuse frappa Jessica. Et Ménestrel? Elle regarda sa montre: le saut d'obstacles junior allait commencer!

— Je vous laisse! s'écria-t-elle. Je vais voir Ménestrel, ajouta-t-elle à l'intention de Belinda.

— Bien sûr. Va vite! Ne t'inquiète pas pour moi.

Jessica arriva au camion hors d'haleine et fut accueillie par des mines sinistres.

— On ne sait pas ce qui se passe, lui annonça Rosie. Le véto est reparti, et Nick et Sarah discutent depuis une demi-heure.

L'équipe de Sandy Lane s'impatientait. L'épreuve d'obstacles allait commencer d'une minute à l'autre. Charlie piaffait d'impatience encore plus que son cheval, et Rosie faisait tourner Pepper en rond pour l'échauffer. Contrairement à Jessica, qui aurait dû passer à l'avant-avant-dernière place, ils concouraient en douzième et quatorzième position et devaient se préparer. Jessica regarda Ménestrel, qui attendait patiemment sous un arbre, l'antérieur droit légèrement soulevé. Elle soupira : elle pouvait rendre son dossard !

Enfin, Nick et Sarah interrompirent leur conciliabule pour rejoindre les cavaliers.

— La blessure de Ménestrel semble sans gravité, déclara Nick. Cependant il ne pourra pas sauter aujourd'hui. Je suis désolé pour toi, Jess.

Jessica baissa la tête et dut faire un effort surhumain pour refouler les larmes qui lui montaient aux yeux. Voir sa chance inouïe de courir à Southdown se volatiliser au dernier moment lui était insupportable.

Sarah avait pris la parole à son tour, mais Jessica ne l'écoutait pas.

— Tu entends, Jess ? insista Sarah, voyant que l'adolescente ne réagissait pas. Tu vas pouvoir monter.

— Quoi ? Comment ? s'exclama Jessica, sidérée.

— C'est une idée de Sarah, expliqua Nick, que j'approuve totalement. Nous allons te confier Nuage. Enfin, si ça te convient. C'est une excellente sauteuse, et tu l'as toujours très bien montée. Pour peu que tu gardes ton sang-froid, je suis sûr que tout se passera bien. Alors, qu'en dis-tu, Jess ?

Que pouvait-elle répondre ? Elle échangea un sourire radieux avec Rosie.

Son rêve le plus fou se réalisait : elle allait monter Nuage à Southdown ! Elle était très fière de la confiance que Nick et Sarah lui accordaient en lui proposant cette superbe jument !

— Oh, merci, merci beaucoup ! s'écria-t-elle. Merci, Nick, merci, Sarah ! Nuage et moi, nous essaierons de notre mieux de faire honneur à Sandy Lane.

11

L'épreuve

Tous ses sens en alerte, Nuage attendit sagement que Jessica se mette en selle. Étonnés de la voir monter la ponette, Alex et Kate accoururent pour lui demander ce qui était arrivé à Ménestrel. Elle leur raconta en vitesse sa mésaventure.

— Pauvre Ménestrel..., soupira Kate. Mais quelle chance pour toi ! Méfie-toi quand même, certains obstacles semblent super difficiles !

— Oh, n'exagère pas, intervint Alex. Il y a juste le cinquième, un oxer, qui a l'air un peu délicat. Et peut-être aussi la combinaison suivante.

— Jess! Jess! Oh, qu'est-ce qu'il est beau, ton poney!

Jessica sourit devant l'air admiratif de sa petite sœur. Ses parents s'approchèrent à leur tour.

— Tu as l'air d'une vraie pro, Jessica, commenta son père. Bonne chance!

Jessica s'apprêtait à les remercier quand une annonce au haut-parleur la fit sursauter.

— Changement de cavalier en dixième position. Golddust sera finalement montée par Belinda Lang.

Quoi? Jessica avait du mal à y croire. Belinda avait dû s'arranger avec les Slater! Elle sauta à terre, attacha Nuage au camion et courut vers le manège central pour voir Belinda et Golddust entrer sur la piste. Elle se sentait aussi nerveuse que si c'était son tour.

Golddust secoua gaiement la tête, et sa crinière blonde vola dans la brise. Elle tenait sa magnifique queue bien haut, et sa robe dorée chatoyait sous le soleil. Quant à Belinda, assise avec élégance sur sa selle, elle contrôlait Golddust sans que cela se voie, l'air d'ignorer la foule qui les entourait. Mais quand elle croisa le regard de Jessica, elle sourit de toutes ses dents. Son assurance réconforta Jess, qui se détendit. Elle avait hâte de la voir sauter. Elle devinait que ce serait du grand spectacle.

Au son de la cloche, Golddust s'élança au canter. Elle sauta le premier obstacle sans paraître s'en apercevoir et franchit aisément le spa, la haie et la porte. Arrivée à l'oxer, suivi de la combinaison, elle les passa en un clin d'œil.

Le triple semblait presque aussi haut que la jument, mais, encouragée d'une petite pression de sa cavalière, elle survola littéralement les obstacles et atterrit de l'autre côté avec légèreté avant de franchir le mur dans la foulée. Le rugissement de la foule salua leur sans-faute et Jessica relâcha enfin sa respiration tandis que Rosie criait de joie à ses côtés.

— Un sans-faute, annonça le haut-parleur.

— Waouh, elles ont été fabuleuses ! s'exclama Rosie.

— Belinda est excellente, vraiment excellente ! acquiesça Alex, admiratif.

Kate secoua la tête.

— Ça ne va pas être facile de les battre...

— Vous ne m'en voudrez pas si j'essaie quand même ? demanda Charlie avec un sourire en coin. Souhaitez-moi bonne chance !

— Bonne chance, Charlie ! répondirent-ils à l'unisson.

Jessica ne disait rien. Elle pensait à la complicité qui unissait Belinda et Golddust. La ponette avait montré une confiance totale dans sa cavalière, anxieuse de répondre à son moindre désir.

Quand Belinda vint les rejoindre en menant Golddust derrière elle, Jessica se joignit aux félicitations générales. Elle aurait bien aimé savoir comment s'était terminée la discussion avec Pétronelle, mais ce n'était pas le moment. Belinda rayonnait de bonheur.

— Tout ça, c'est grâce à Sandy Lane. Sans vous, je ne serais jamais venue à Southdown aujourd'hui ! Maintenant que j'ai retrouvé Golddust, je me moque de gagner! Je suis la plus heureuse du monde.

— Concurrent numéro douze. Charlie Marshall sur Napoléon, annonça le haut-parleur.

— Vite, il ne faut pas le rater! s'écria Kate.

Charlie et Napoléon firent une entrée remarquée sur la piste.

— Quel cheval magnifique! soupira une fille postée devant le petit groupe de Sandy Lane.

— Oui, et son cavalier n'est pas mal non plus, répondit son amie.

Kate et Jessica se donnèrent un coup de coude et partirent d'un fou rire. Elles n'eurent pas le temps de retrouver leur sérieux que Charlie finissait son parcours et ressortait triomphalement du manège.

— Un sans-faute! annonça le commentateur.

— Oh, non, c'est à moi maintenant! gémit Rosie alors que le treizième concurrent renversait l'oxer. Souhaitez-moi bonne chance.

— Vas-y, Rosie! lui lança Jessica.

Rosie et Pepper attaquèrent le parcours lentement mais sûrement. Après avoir franchi l'oxer ascendant et le spa, le poney accrocha le haut de la haie. Heureusement, l'obstacle résista. Vinrent ensuite la porte, l'oxer, la combinaison, le triple, et enfin le mur. Pas très rapides, mais efficaces, ils n'avaient commis aucune erreur. Pepper quitta la piste la tête haute.

— Bravo, c'était génial, Rosie ! s'exclama Jessica quand son amie se dirigea vers elle.

Rosie fit la grimace.

— J'ai été un peu lente.

— Tu as réalisé un sans-faute, c'est ça qui compte.

— Je dois reconnaître que, jusqu'à présent, nous avons d'excellents résultats, déclara Nick, qui venait de les rejoindre. Deux sans-faute pour Sandy Lane, sans compter celui de Belinda, notre membre d'honneur !

Les yeux de Belinda brillèrent de plaisir.

Jessica eut un peu de mal à sourire, prise d'angoisse : et si leur chance s'arrêtait là ?

Elle s'éloigna de la foule pour détendre

Nuage. Elles firent plusieurs tours du manège d'échauffement au pas.

Dans le manège principal, la compétition se poursuivait. La concurrente qui précédait Jessica laissa derrière elle un vrai champ de ruines.

— Seize points pour Amanda Matthews sur Cannelle, annonça le haut-parleur.

— C'est à nous ! Va falloir s'accrocher, Nuage, murmura Jessica.

— Tout ira bien, Jess, lui lança une voix familière.

Elle se tourna vers le bord de la piste.

— Tom ! Oh, tu as pu venir. C'est génial ! Comment tu te sens ?

— Bof, je suis un peu faible, et très impatient de te voir sauter. Il y a huit sans-faute jusqu'à présent ; avec toi, ça fera neuf.

Ragaillardie par ces encouragements, elle le remercia d'un grand sourire et se pencha de nouveau vers l'oreille de Nuage.

— On y va, ma grande ! On va leur montrer de quoi on est capables.

— Concurrent trente-huit. Jessica Adams sur Nuage.

À peine entrée sur la piste, Jessica se

sentit de nouveau envahie par le trac. Elle allait vraiment participer au concours de Southdown ! Nuage frémit d'excitation, et sa cavalière lui tapota l'encolure.

— On peut le faire, Nuage. Je le sais.

Elle fit faire à la jument le tour de la piste en refoulant la peur qui l'empêchait de se concentrer. La cloche retentit.

— On prend notre temps, Nuage. Pas d'affolement !

Dès qu'elle eut franchi le premier obstacle, Jessica retrouva son assurance. C'était parti !

— Saute ! murmura-t-elle en poussant Nuage en avant.

« Ne regarde pas le sol », se dit-elle, et elle maintint les yeux pointés entre les oreilles attentives de la jument, qui savait parfaitement ce qu'on attendait d'elle.

La haie passée, elles foncèrent vers la porte. Une fois de plus, Nuage sauta l'obstacle sans peine, mais elle atterrit brutalement et propulsa sa cavalière en avant. Vite, Jessica tenta de se redresser tout en la faisant tourner pour attaquer l'oxer. Mais, trop penchée, elle perdait le contact. Nuage perçut sa difficulté et sut ce qu'elle devait faire : elle tenta vaillamment le saut. Cependant, en relevant la tête, elle percuta le menton de Jessica, qui se mordit profondément la lèvre. La cavalière grimaça quand les postérieurs de sa monture frottèrent la barre supérieure. Elle continua néanmoins à galoper et retrouva enfin son équilibre, sans cesser de tendre l'oreille. Le soupir de soulagement du public la rassura. La barre avait tenu bon. Elle avait gagné un sursis.

— Bravo, Nuage ! Je ne me ferai plus avoir comme ça. On va y arriver.

Elle dirigea sa monture droit sur la combinaison, de nouveau confiante. La jument donna un coup de queue et chargea. Mais cette fois Jessica ne se laissa pas surprendre.

— Doucement, doucement, répétait-elle.

Un, deux, hop là ! La première combinaison était passée. Atterrissage. Décollage. Toujours pas de faute. Elles s'envolèrent au-dessus de l'avant-dernier obstacle, avalèrent le mur sans effort et franchirent la ligne d'arrivée ventre à terre.

Jessica, hors d'haleine, jeta les bras autour de l'encolure de la ponette, folle de joie.

— Bravo, Nuage ! Nous avons réussi !

— Un parcours sans-faute pour Jessica Adams sur Nuage, confirma le haut-parleur.

Tout le monde se précipita vers elle pour la féliciter, Nick en tête.

— C'était fabuleux, Jessica. Bravo !

Elle rayonnait de fierté et de bonheur. Cependant, ce n'était pas terminé. Il lui restait à affronter le barrage et, cette fois-ci, elle devrait courir contre la montre…

Elle partit détendre Nuage sous les arbres en attendant le grand moment.

Ils étaient dix cavaliers en lice pour cette ultime épreuve. Jessica devait passer en cinquième position, Belinda en neuvième, Charlie en septième et la pauvre Rosie en première. Jessica aurait bien aimé aller l'encourager, mais elle ne se sentait pas la force de supporter ce suspense.

Quand son tour arriva, elle n'avait aucune idée du temps qu'elle avait à battre. Nuage devait ressentir sa tension, car elle dansait sur place.

— On y est, ma grande, chuchota Jessica.

— Bonne chance, Jess ! cria Tom depuis le bord de la piste.

Nuage secoua sa crinière gris cendre d'un air désinvolte.

— Détends-toi, détends-toi, murmura Jessica, plus à elle-même qu'à la jument, alors qu'elle lui faisait faire un tour de piste au trot, ne la contrôlant que du bout des doigts.

La sonnerie du départ retentit, et elles s'élancèrent. Elles abordèrent le premier obstacle à pleine vitesse et bien stabilisées. Une légère pression des talons, et Nuage sauta. Puis, sans ralentir, elle attaqua le spa. Jessica se sentait légère comme une plume. Elle fit virer sa monture en direction de la haie dans un tonnerre de sabots.

« Une, deux, trois foulées », compta-t-elle mentalement. Elles franchirent la porte sans qu'elle eût le temps de reprendre son souffle.

Elles entamèrent le virage qui précédait l'oxer. Cette fois, Jessica était prête. Dès qu'elle eut rassemblé Nuage, elle la laissa foncer sur l'obstacle. Elle sentit la ponette relever ses antérieurs sous elle tandis qu'elle s'élançait au-dessus de l'obstacle. Après la combinaison, Nuage tourna quasiment sur place. Elles volèrent ensuite jusqu'au triple, avalèrent le mur dans la foulée et franchirent la ligne d'arrivée.

À moitié assourdie par les battements de son cœur, Jessica se pencha pour embrasser la ponette.

— Tu as été fantastique !

— Jessica Adams, un sans-faute en deux minutes cinquante-trois secondes, annonça le haut-parleur.

Elle avait réalisé un très bon score ; mais avait-elle été suffisamment rapide ?

Nick jubilait.

— Bravo, Jess ! Tu as tiré le meilleur de Nuage.

— Oh, Jess, tu as été incroyable ! renchérit Rosie, qui accourait, hors d'haleine. Tu as fait mille fois mieux que moi. Pepper a accroché le mur. Du coup, on se paie quatre points.

— Très belle performance ! commenta Alex. Tu as de fortes chances de rapporter une rosette. Bien joué !

Jessica secoua la tête.

— C'est Nuage qui a tout fait.

Ils se retournèrent tous juste à temps pour voir la concurrente suivante s'écraser dans la haie.

Enfin arriva le tour de Charlie. Tandis qu'il entrait sur la piste, la belle robe brune de Napoléon brillant sous le soleil, Jessica dut reconnaître qu'ils étaient magnifiques.

Charlie devait avoir assimilé les conseils de Nick, car, au lieu de se ruer sur les obstacles, il les prit avec célérité, mais sans précipitation. Il réalisa lui aussi un parcours impeccable.

— Un sans-faute en quarante-neuf secondes pour Charlie Marshall sur Napoléon, annonça le présentateur.

— Il est fantastique ! s'écria Jessica.

— Il prend la tête ! hurla Rosie.

La cavalière suivante, une minuscule fille perchée sur un petit poney rouan, réalisa, elle aussi, un parcours irréprochable, ce qui fut confirmé au haut-parleur.

— Melissa James, un sans-faute en cinquante et une secondes, annonça le présentateur.

— C'est plus que Charlie.

« Mais moins que moi », soupira intérieurement Jessica. Cependant, cela lui était égal. Elle avait la satisfaction de savoir qu'elle avait donné le meilleur d'elle-même.

Ce fut le tour de Belinda.

Belinda entra. Serrée contre Nuage, Jessica regarda, muette d'admiration, Golddust galoper autour de la piste.

— Waouh, quelle magnifique ponette ! s'extasia une fille à côté d'elle.

Et quelle performance incroyable ! Golddust sautait obstacle après obstacle à un train d'enfer.

— Belinda Lang sur Golddust prend la tête avec un sans-faute en quarante-six secondes ! clama le présentateur.

Belinda en avait les larmes aux yeux. « Quelles fabuleuses retrouvailles ! » songea Jessica. Certes, elle-même avait réalisé un beau parcours avec Nuage, mais Belinda et Golddust avaient vraiment mérité de gagner.

Plongée dans ses pensées, elle mit un moment à comprendre ce qui se passait.

— Viens vite ! cria Rosie. C'est fini. Belinda a gagné !

— Je sais.

— Et nous devons la rejoindre pour recevoir nos prix.

— Des prix ? Quels prix ? s'étonna Jessica.

— Tu es quatrième ! gloussa Rosie. Et moi, sixième. Tu te rends compte ! On s'est placées à Southdown !

Jess en resta sans voix. Elle se remit en selle et entra dans le manège.

— Laisse-moi passer, je suis arrivé deuxième ! crâna Charlie en la doublant.

Jessica aperçut sur le bord du manège sa famille qui souriait avec fierté. Tom était là, lui aussi, avec Alex et Kate, qui sautaient de joie. Elle vit aussi Pétronelle et Sally, qui les observaient avec attention. Dans le fond, elle aperçut Nick et Sarah, en grande conversation avec M. Slater et un policier. Mais plus rien n'avait d'importance à présent. Rayonnant de bonheur, elle se mit derrière Charlie pour effectuer le tour d'honneur.

12

Le retour de la disparue

— Je n'en reviens pas que M. Slater ait rendu Golddust aussi facilement!

Le samedi qui suivait le concours de Southdown, Jessica et Rosie bavardaient tout en cirant un tas d'étrivières en cuir dans la sellerie de Sandy Lane.

— Il n'avait pas le choix, répondit Jessica. Les policiers lui ont dit que la ponette appartenait toujours à sa légitime propriétaire. Pétronelle était furieuse que ce soit Belinda qui la monte au concours, mais sa mère ne voulait surtout pas qu'on la voie avec un cheval volé. Et comme elle a apparemment un peu d'autorité sur elle...

La police n'avait pas encore retrouvé l'homme qui avait vendu Golddust aux Slater, mais les recherches se poursuivaient. Nick et Sarah avaient proposé à Belinda d'héberger Golddust à Sandy Lane en attendant qu'elle puisse lui louer un endroit sûr. Avec le voleur en liberté, il valait mieux se montrer prudent.

— Quelqu'un sait quel cheval je dois prendre pour la promenade de onze heures ? demanda Alex en entrant dans la sellerie.

— Hector, comme d'hab', répondit Jessica.

— Quoi, ce vieux machin ? grommela-t-il, pour rire : en réalité, il l'adorait.

— Qui est-ce que tu traites de vieux machin ? lança une voix familière dans leur dos.

— Tom ! s'exclamèrent Jessica et Rosie. Tu es de retour ! Tu montes aujourd'hui ? Tu te sens mieux ? Chancey te manque ?

Tom recula, les bras tendus devant lui pour se protéger de cette salve de questions.

— Pitié, je dirai tout ! Non, je n'ai pas encore le droit de monter, même si je me sens presque rétabli. Mais Chancey me manquait trop, et vous aussi.

— Salut, tout le monde ! lança Charlie, qui entra à son tour. J'aimerais savoir quel cheval...

Il ne put finir sa phrase : Kate fit irruption dans la pièce, l'air furieux.

— J'en ai ras le bol, Alex ! Je sais que ton vélo est crevé, mais ce n'est pas une raison pour prendre le mien !

— Désolé, Kate ! Tu mettais tellement longtemps à te préparer et ta bicyclette brillait si fort au soleil que je n'ai pas pu résister.

L'arrivée de Belinda mit fin à la dispute.

— Bonjour, tout le monde, fit la jeune fille. Je viens chercher Golddust. Comment va Ménestrel, Jessica ?

— Beaucoup mieux. Je vais le monter aujourd'hui.

À cet instant, Nick surgit sur le seuil.

— Il y a quelqu'un qui te demande dehors, Jess.

— C'est sûrement Pétronelle Slater qui veut que tu lui donnes un cours particulier, la taquina Charlie.

Jessica le fusilla du regard et sortit.

Éblouie par le soleil, elle mit quelques secondes à reconnaître Bob Hugues.

— Je t'ai amené du monde, lui annonça-t-il gaiement.

Jessica aperçut derrière lui Marie, montée sur une magnifique palomino.

— Bonjour, Marie ! Goldie est encore plus belle que dans mon souvenir ! Je peux la caresser ?

— Bien sûr. C'est notre première sortie depuis mon retour de l'hôpital, et nous avions très envie de te rendre visite.

— Bonne idée ! Au fait, voilà Golddust, la ponette de Belinda, ajouta Jessica en désignant le box derrière elle. Finalement, elles ne se ressemblent pas tant que ça...

— C'est vrai, mais elles sont magnifiques toutes les deux !

— C'est la ponette que tu as rattrapée ? demanda Belinda, qui sortait à son tour de la sellerie.

— Oui, c'est drôle de la voir avec Golddust.

— Tiens, Marie ! lâcha Tom, qui arrivait derrière Belinda. Comment ça va ?

— Ça va, répondit-elle en se laissant

glisser de sa selle. Dis donc, toi aussi, tu as l'air d'aller mieux.

— Merci, je me sens en pleine forme.

— Quelle jolie ponette ! s'extasièrent Alex et Kate, qui fermaient la marche.

Effrayée par le vacarme, Goldie recula vers Golddust. Les deux ponettes poussèrent un petit hennissement et se reniflèrent avec prudence.

Jessica s'écarta de cette joyeuse agitation pour voir comment Sandy Lane apparaissait à un œil étranger.

« C'est vraiment un endroit génial ! » songea-t-elle.

Un doux hennissement lui parvint de l'écurie. Fidèle à ses habitudes, Nuage avait sorti la tête par-dessus sa porte et tendait ses naseaux vers elle. Jessica s'approcha et lui souffla légèrement sur le nez.

— Je ne t'oublie pas, Nuage. Nous allons bientôt nous retrouver pour de nouvelles aventures, Nick me l'a promis.

— Tu viens, Jessica ? l'appela Rosie. Il est presque onze heures. Ménestrel et Pepper nous attendent ; il est temps d'aller les seller.

Ouvrage composé par
PCA – 44400 Rezé

Cet ouvrage a été imprimé
en Espagne par

Liberdúplex
Sant Llorenç d'Hortons (Barcelone)

Dépôt légal : septembre 2014

MIXTE
Papier issu de
sources responsables
FSC® C003309
FSC
www.fsc.org

Pocket Jeunesse, une marque d'Univers Poche,
est un éditeur qui s'engage pour
la préservation de l'environnement
et qui utilise du papier fabriqué à partir
de bois provenant de forêts gérées
de manière responsable.

PKJ • www.pocketjeunesse.fr
POCKET JEUNESSE

12, avenue d'Italie – 75627 PARIS Cedex 13